こんなところでつまずかない！

# 不動産事件
# 21のメソッド

東京弁護士会 親和全期会
編著

第一法規

# はしがき

　私たちが日常の社会生活を送るにあたって、不動産は切っても切れない関係にあります。生活のための住居として不動産を購入したり賃借をしたりしますし、投資用として不動産を購入して転売したり賃貸に供したりすることもあるでしょう。さらには、貸金の担保として不動産に抵当権を設定したり、強制執行として差し押さえて競売にかけたりするということもあるでしょう。それら様々な場面において、いつでも法的紛争は起こり得ます。そして、これらの法的紛争が生じたとき、総じて不動産事件と呼ばれることになります。このように、不動産事件というものの対象は広くて奥深く、身近な事件から専門性が要求される事件も含まれます。

　身近な不動産事件といえば、建物賃貸借契約の解除などに伴う建物明渡請求事件をすぐに思い浮かべますが、解除事由や正当事由があるのかという典型的な争点をクリアしても、いざ、建物明渡しの強制執行を行うという段になると、途端に、経験が乏しく不安になってしまいます。建築紛争などの専門性を必要とする事件や特殊な不動産に関する事件などでは、そもそも扱った経験がないという弁護士も多いのではないでしょうか。また、不動産事件では、住宅の購入に伴うトラブルなど、依頼者の人生にとって重大な局面を迎えている場合がありますし、争われる金額も比較的高額になるというのが特徴といえるでしょう。

　そのため、実務経験の浅い新人弁護士・若手弁護士にとっては、不動産事件は魅力的ではあるものの、オーソドックスな事件以外は専門外として躊躇してしまうことも多いようです。そこで、親和全期会では、そのような新人・若手弁護士が持つ苦手意識や不安感を解消することに役立つことができないかと考えて、本書を執筆することになりました。

　親和全期会は、東京弁護士会内の会派の１つである法曹親和会の会員のうち司法修習終了後15年までの若手・中堅弁護士によって構成される団体（会員数約1,000名）です。親和全期会では、日本弁護士連合会・東

京弁護士会の会務・政策について議論し意見を反映させる活動を行っているほか、弁護士業務に関する研修や親睦企画などを多数開催しています。

　そして、親和全期会の活動を通じて多くの弁護士が知り合い、弁護士業務のノウハウの情報を交換し、議論をし、自らの弁護士業務に役立てています。

　そのような親和全期会活動を通じて蓄積された弁護士ライフのノウハウの一端を新人弁護士・若手弁護士のためにまとめ、平成27年12月、『こんなところでつまずかない！ 弁護士21のルール』を刊行し、また、その姉妹本として、平成28年11月、『こんなところでつまずかない！ 交通事故事件21のメソッド』、平成29年 1 月、『こんなところでつまずかない！ 離婚事件21のメソッド』を刊行したところ、いずれも予想を上回る大きな反響をいただきました。

　本書は、これらと同様に、情報交換された業務ノウハウのうち、不動産事件に関するものを集めたものですが、できる限り網羅的に取り上げ、実務経験がまだ浅い新人弁護士・若手弁護士に、少しでも多くの体験を追体験していただきたいとの思いから、親和全期会所属の弁護士が積み重ねてきたノウハウを体験談という形で掲載しました。

　本書を手に取られた読者のみなさんが、不動産事件に対する無用な不安を払拭して果敢に不動産事件に取り組み、また、さらなる研鑽の契機にしていただければ、望外の幸せです。

　最後に、本書上梓にあたっては、第一法規株式会社編集第一部の田中信行氏、河田愛氏、藤本優里氏に大変にお世話になりました。ここに厚く御礼を申し上げます。

平成29年11月

東京弁護士会　親和全期会

平成29年度代表幹事

弁護士　菊地真治

## こんなところでつまずかない！
## 不動産事件21のメソッド

## 目次 Contents

はしがき ……………………………………………………………………………… i

目次 …………………………………………………………………………………… iii

---

### Method 01 | 手続選択
### 訴訟だけが全てじゃない 001

**体験談 1** 借地非訟に挑戦！ …………………………………………………… 001

**体験談 2** 建設工事紛争審査会のあっせん手続きに挑戦！ ………………… 007

**ワンポイントアドバイス** ……………………………………………………… 010

**Column** | 手続期間 …………………………………………………………… 011

---

### Method 02 | 証拠収集
### 証拠にご用心 013

**体験談 1** 書証はどこにある ………………………………………………… 013

**体験談 2** 不動産価値算定の資料 ……………………………………………… 016

**ワンポイントアドバイス** ……………………………………………………… 019

**Column** | 不動産関係の資料の内容と収集方法 ………………………… 020

---

### Method 03 | 不動産売買の瑕疵担保
### 「瑕疵」はむずカシい？ 027

**体験談 1** 依頼者は「瑕疵」に気づかない？ ………………………………… 027

**体験談 2** 壁との闘い …………………………………………………………… 030

**ワンポイントアドバイス** ……………………………………………………… 033

| Column | 財団放棄物件 | 034 |

## Method **04** | 建築紛争・建築瑕疵
## 逃げるな建築紛争　036

**体験談 1**　どこまでも〜限りなく〜広がるカビと建築紛争　036
**体験談 2**　投資物件「穴」リシス　040
**ワンポイントアドバイス**　044

## Method **05** | 共有
## 物は共有、意思も共有？　045

**体験談 1**　全面的価格賠償の方法による共有物分割　045
**体験談 2**　ある共有物分割請求訴訟のてん末　048
**ワンポイントアドバイス**　051

| Column | 現地調査 | 052 |

## Method **06** | 特殊な不動産
## 農地赤道のトリセツ　053

**体験談 1**　高額な離作料の請求　053
**体験談 2**　「赤道」を取得したい！　056
**ワンポイントアドバイス**　059

| Column | 民法改正と瑕疵担保責任 | 060 |

## Method **07** | 不動産取引
## 珍しい不動産取引には万全の準備を　062

**体験談 1**　困った、所有者がみつからない！　062
**体験談 2**　不動産を売却するのは大変　066
**体験談 3**　弁護士にも身近な税法問題　069
**ワンポイントアドバイス**　072

| Column | 不動産の売買にかかる費用 | 073 |

iv

## Method 08 | 賃貸借契約書
### たかが契約書、されど契約書   074

体験談1 サブリースもやっぱり賃貸借 ……………………………………… 074
体験談2 契約書のチェックはどこまでするの？ …………………………… 077
ワンポイントアドバイス ……………………………………………………… 079

## Method 09 | 賃貸借と使用貸借の区別
### なめるな使用貸借   080

体験談1 親族間賃貸借にご用心 ……………………………………………… 080
体験談2 意外と強いよ使用貸借 ……………………………………………… 083
ワンポイントアドバイス ……………………………………………………… 086

## Method 10 | 賃貸借の賃料
### とる？ とらない？ 鑑定評価   087

体験談1 不動産鑑定評価書を作ってもらって終わりではない ………… 087
体験談2 覚悟を迫らず考えよう …………………………………………… 090
ワンポイントアドバイス ……………………………………………………… 093

## Method 11 | 仮処分
### 自由な発想で行こう   094

体験談1 土地の占有移転禁止の仮処分？ ………………………………… 094
体験談2 Who is 占有者？ …………………………………………………… 098
体験談3 初めての仮処分 …………………………………………………… 101
ワンポイントアドバイス ……………………………………………………… 104

## Method 12 | 賃貸借の債務不履行 I
### 賃料不払い〜それぞれの立場〜   106

体験談1 賃料不払いあれこれ ……………………………………………… 106
体験談2 「こんなはずじゃなかった」では済まされない！ …………… 110
ワンポイントアドバイス ……………………………………………………… 113

## Method 13 | 賃貸借の債務不履行 II
### 大家はつらいよ   115

体験談1 自殺が債務不履行！？ …………………………………………… 115
体験談2 たとえみんながやっていても！？ ……………………………… 119
ワンポイントアドバイス ……………………………………………………… 123

v

| Column | 契約破棄 | 124 |

## Method **14** 信頼関係破壊
## 甘くみるなよ信頼関係 125

| 体験談1 | こんな賃借人、我慢ならない！ | 125 |
| 体験談2 | 信頼関係は築くのも破壊されるのも難しい | 129 |
| ワンポイントアドバイス | | 133 |

| Column | 民泊から考える弁護士のアドバイス | 134 |

## Method **15** 賃貸借の明渡し
## お願いだから出て行って 136

| 体験談1 | 立退料を払いたくない！ | 136 |
| 体験談2 | 訴訟提起時に必要な準備 | 140 |
| 体験談3 | 出て行ってはくれたが…… | 143 |
| ワンポイントアドバイス | | 147 |

## Method **16** 明渡しの断行
## 餅は餅屋 148

| 体験談1 | 明渡交渉から断行まで | 148 |
| 体験談2 | 断行は迅速かつ慎重に | 153 |
| ワンポイントアドバイス | | 157 |

| Column | 建物明渡しと弁護士の立会い | 158 |

## Method **17** 借地
## 強い？ 弱い？ 借地権 160

| 体験談1 | 法定更新は借地人にとって有利なのか | 160 |
| 体験談2 | 紆余曲折はあったけど | 163 |
| ワンポイントアドバイス | | 166 |

| Column | 建物明渡しの強制執行にかかる費用 | 167 |

Method **18** | 販売・仲介業者の責任追及
**追えない負わない仲介業者** 169

**体験談 1** 投資用マンショントラブルの留意点 ················· 169
**体験談 2** 仲介業者の責任あれこれ ······························ 173
**体験談 3** 仲介業者は瑕疵に関する調査義務を負わない？ ·········· 176
**ワンポイントアドバイス** ······································ 178

Method **19** | 境界確定訴訟・筆界特定制度
**境界紛争は怖くない** 179

**体験談 1** 境界がどこかと聞かれたら ······················· 179
**体験談 2** ２つもある境界確認の方法 ······················· 182
**ワンポイントアドバイス** ······································ 185

Method **20** | 登記
**登記も弁護士の仕事？** 186

**体験談 1** 安直に訴訟を選んで失敗…… ··························· 186
**体験談 2** リゾート会員権に潜む罠 ··························· 189
**体験談 3** わからないことは、証拠に聞け ··················· 192
**ワンポイントアドバイス** ······································ 196

Column | 不動産登記の事前準備 ···················· 197
　　　　　 登記の見方、関係業種、依頼のタイミング ·········· 200

Method **21** | 不動産強制執行
**侮るなかれ、強制執行** 201

**体験談 1** 意外と大変、不動産強制執行 ····················· 201
**体験談 2** その執行、本当にできますか？ ··················· 205
**ワンポイントアドバイス** ······································ 207

Column | 第三者が目的外動産を回収できるか？ ·········· 209

執筆者一覧 ················································· 211

vii

本書中の体験談は、執筆者自身の経験や他の弁護士へのインタビュー等を元に内容を再構成したものです。各体験談冒頭のプロフィールは、必ずしも各執筆者のプロフィールと一致するものではありません。

凡例

裁判例には、原則として判例情報データベース「D1-Law.com判例体系」(https://www.d1-law.com)の検索項目となる判例IDを〔　〕で記載しています。

例：最一小判平成 8 年10月31日民集50巻 9 号2563頁〔28011421〕

| | |
|---|---|
| 民集 | 大審院民事判例集、最高裁判所民事判例集 |
| 裁判集民 | 最高裁判所裁判集民事 |
| 判タ | 判例タイムズ |
| 判時 | 判例時報 |

本書は2017年 9 月までに公表されている内容によっています。

## Method
# 01 | 手続選択

## ▶ 訴訟だけが全てじゃない

——不動産に関する事件については、訴訟以外にも多くの手続きが用意されている。依頼内容によっては、訴訟以外の手続きを選択しなければならなかったり、訴訟以外の手続きを選択することが望ましかったりする場合がある。当然、その中には、不慣れなものもあるだろう。そのような不慣れな手続きには、どのような姿勢で挑むべきだろうか。

### 体験談1

## 借地非訟に挑戦！

弁護士4年目　男性

### はじめに

　借地人B氏がC氏に借地権を譲り渡したいということで、土地所有者（貸地人）A氏に対して、承諾を求めてきました。しかし、C氏には不穏な点があったことから、A氏は、借地権の譲渡に否定的だったのですが、加えて、B氏の提案した承諾料が低額であるという問題もあり、

譲渡承諾の交渉は早期に決裂しました。より詳細に説明すると、B氏は、承諾料として、一般的な相場に従い借地権価格の10%の金額を支払うことを提案してきたのですが、その算定の基礎とされた借地権価格が、BC間の借地権の譲渡契約の譲渡価格であり、かつ、その譲渡価格が低額であったため、承諾料も低額なものとなっていたのです。

## 慣れぬ手続きも徹底調査で乗り切る！

　この交渉決裂からしばらくして、B氏は、C氏への借地権譲渡の許可を求める借地非訟を申し立ててきました（賃借権譲渡・転貸許可申立事件）。私としては、初めての借地非訟事件だったので、いろいろと調べて勉強したところ、次のことがわかりました。

⑴　借地借家法19条1項は、「借地権者が賃借権の目的である土地の上の建物を第三者に譲渡しようとする場合において、その第三者が賃借権を取得し、又は転借をしても借地権設定者に不利となるおそれがないにもかかわらず、借地権設定者がその賃借権の譲渡又は転貸を承諾しないときは、裁判所は、借地権者の申立てにより、借地権設定者の承諾に代わる許可を与えることができる」と定めていますが、この許可を求めて申し立てるのが、賃借権譲渡・転貸許可申立事件です。

⑵　裁判所は、①借地権設定者がその賃借権の譲渡または転貸を承諾しないこと（借地借家法19条1項前段）、②第三者が賃借権を取得し、または転借をしても借地権設定者に不利となるおそれがないこと（同項前段）、③賃借権の残存期間、借地に関する従前の経過、賃借権の譲渡または転貸を必要とする事情その他一切の事情を考慮して相当であることが認められる場合（同条2項）に、譲渡承諾に代えて譲渡の許可をすることとなります。

⑶　そして、その際に、裁判所は、その許可を財産上の給付に係らしめることができるとされています（借地借家法19条1項後段）。この財産上の給付の根拠については争いがあるものの、東京地方裁判所では、

この給付額の算定においては、原則として借地権価格の10％相当額が基準とされているようです。この借地権価格は、適正な市場価格が基準とされるのですが、その金額について当事者間に争いがある場合には、鑑定委員会の意見を聴き（同条6項）、裁判所が定めることとなっています。

(4) 借地権が譲渡されようとしている第三者が、借地権設定者にとって納得できる者である場合は、この手続きに乗り、この金額を争えば足りるのですが、第三者が賃借権を取得し、または転借をしても借地権設定者に不利となるおそれがないとしても、何らかの不利益が生じるかもしれないと危惧される場合に、予防法務的な視点から、その第三者が借地人になることを避けようとすると、この手続きとは別の争い方をする必要があります。

　このときの事件においても、具体的な不利益があるわけではないものの、予防法務的な視点から、C氏への譲渡は避けたいというA氏の要望があったため、調べてわかった上記のことを参考に、別の争い方をすることになりました。


## ひな形も活用！

　ただ、別の手続きで争うとしても、賃借権譲渡・転貸許可申立事件自体は、裁判所に係属しているので、答弁書は出さなければいけません。なお、借地非訟の申立書・答弁書には、裁判所のホームページにひな形があり、対価について記載する部分も含め、細かく項目立てられているため、それに従って申立書・答弁書を作成すると書き落とす心配はありません（むしろ、細かく指定されすぎていて、若干戸惑うくらいです）。

## 介入権の申立てで戦う！

　借地借家法 19 条 3 項には、「第一項の申立てがあった場合において、裁判所が定める期間内に借地権設定者が自ら建物の譲渡及び賃借権の譲渡又は転貸を受ける旨の申立てをしたときは、裁判所は、同項の規定にかかわらず、相当の対価及び転貸の条件を定めて、これを命ずることができる」と規定されています。いわゆる介入権の申立てです。C 氏に譲渡されるのを防ぐ方法として、A 氏自身が借地権を取得するというものであり、この事件においても、この申立てを行いました。

　なお、東京地方裁判所の場合、担当部に行き、介入権の申立てをしたいと伝えれば、申立書のひな形をもらえるので、そのひな形に当事者名など若干の記載をすれば、申し立てることが可能です。また、3 週間程度の期間を指定されるので、その期間内に申し立てるか否かを決めることが必要となります（どちらも平成 29 年 1 月現在）。

　この申立ても初めての経験だったので、時間をかけて調査検討をしたところ、借地権の譲渡対価（相当の対価）については、いろいろと考え方があるようですが、次のような考え方が依頼者にとって好ましい結果となるのではないかと思うに至りました。それは、借地権価格から、建付減価・借家権価格・敷金・名義書換料相当額を控除した価格が、借地権の譲渡対価とされるべきという考え方です。詳しい理論は、東京地方裁判所第 22 部の裁判官の方々が書かれた本（『借地非訟の実務』植垣勝裕、新日本法規出版株式会社、2015 年）などがあるので、そちらを参考にしてみてください。


## 介入権のジレンマ

　賃借権譲渡・転貸許可申立事件も、介入権申立事件も、併合され、1 つの手続きで進められます。同じ借地権を扱うのですから、当たり前と思った方も多いと思いますが、これが原因で、どのようにして進めるべ

きか、悩ましいこととなるのです。

　依頼者のA氏は、C氏が借地人になるのは好ましくないという思いもありましたが、他方で、あまりに高い金額になるのであれば、自分で借地権を取得するのではなく、C氏が借地人になることを認めつつも、承諾料を多くもらうことで不測の事態に備えたいというお気持ちでした。この要請に応えようと、手続きに即して考えると、介入権申立事件においては、借地権の譲渡対価が高くならないように、借地権価格が低く見積もられた方がA氏にとって好都合である（借地権価格からいろいろなものを差し引いた額が借地権の譲渡対価としてA氏が支払う金額となる）のに対し、賃借権譲渡・転貸許可申立事件においては、借地権価格が高い方が「財産上の給付」（借地借家法19条1項後段）が高くなり、A氏にとって好都合である（借地権価格の1割が「財産上の給付」としてA氏が得られる金額となる）という、借地権価格を高くする主張をするべきか、低くする主張をするべきか悩ましい問題にぶつかります。


## ジレンマの回避

　手続き上は、介入権申立事件について先に審理判断されることとなります。そこで、まず、客観的な借地権価格が高いという主張をする余地を残しつつ、借地権の譲渡対価が安くなるように、借地権の譲渡対価はBC間の借地権譲渡契約において定められた借地権価格から建付減価を行い、借家権価格及び敷金を差し引くべきであり、その差し引いた後の価格から、さらに客観的な借地権価格の1割を名義書換料相当額として差し引くべきであると主張しました。そして、その客観的な借地権価格は、高い金額となるような主張をしました。これに対して、B氏から、BC間の契約で定められた借地権価格自体が既に建付減価を行い、借家権価格及び敷金を差し引いたものであるとの意見が出されたため、建付減価等を行うことは諦め、BC間で定められた借地権価格と名義書換料相当額のみを問題とすることにしました。具体的な数字にすると、BC

間の契約で定められた借地権価格が1,000万円として、そこからさらに名義書換料相当額を差し引くべきであるが、本件土地の客観的な借地権価格は5,000万円なので、その1割である500万円が差し引かれるべきであり、A氏が借地権を取得するにあたり、支払うべき対価は500万円であると主張しました（以下「第1案」といいます）。

これに対して、裁判官は、「（当方主張の）客観的な借地権価格の算定方法自体は妥当であるが、その結果、BCの主張しているBC間の借地権譲渡契約の価格が適切な借地権価格となっていないということになり、この契約内容を無視して裁判所が独自に借地権の金額を算定することになる。そして、裁判所が介入権申立事件において借地権の譲渡対価を算定する場合、その5,000万円を基準に算定することになる。1,000万円から名義書換料相当額として1割の100万円を差し引いた900万円で借地権を取得するという内容で和解をしてはどうか」と打診してきました。そのため、想定していたことではありますが、第1案は、諦めざるを得なくなりました。

そこで、第2案として、適切な借地権価格はいくらかという方向で主張することをやめ、B氏の手元に残るお金はいくらかという方向で、和解についての意見書を出すことにしました。具体的には、「1,000万円で売ろうとしているB氏は、賃借権譲渡・転貸許可申立事件の結果、適切な借地権価格である5,000万円の1割である500万円を支払うこととなり、結果として手元に500万円しか残らないはずである。それにもかかわらず、介入権の申立てがあったからといって、900万円を取得できるというのは不当である」という主張をしました。

この第2案については、裁判所も納得してくれ、最終的に第2案の算定方式に従い、A氏が借地権取得の対価として500万円を支払うことで和解が成立し、A氏には大変満足していただくことができました。

体験談 2

# 建設工事紛争審査会の
# あっせん手続きに挑戦！

弁護士 6 年目　女性

## ことの発端……

　この事件は、脱サラした A 氏が、飲食店を開店するため、ビルの 1 室を、お洒落に改装しようと、B 設計事務所に相談をしたのが始まりでした。B 設計事務所の代表者であり、1 級建築士の C 氏は、A 氏と相談しつつ、店舗内装イメージや設計図等を描き上げ A 氏に示したところ、A 氏は、それを気に入り、B との間で、「内装工事請負契約」と題する契約を締結しました。

　しかし、契約をし、着手金として代金の一部を支払った直後に、いくつかの問題が発覚し、A 氏は B に改装工事を依頼するのをやめたいと思うようになっていきました。

　そこで、A 氏が、B に対し、契約を取りやめたいと相談したところ、B は、A 氏に対し、設計費用として工事見積りの 20% を請求してきました。

　事前に示されていた見積書には、設計費という費目はなく、契約書にも設計については記載がなかったため、A 氏は大変驚いたそうで、どうしてよいかわからなくなり相談に来たということでした。

## 先が読めない……

　京都地判平成 5 年 9 月 27 日判タ 865 号 220 頁〔27826416〕など、似

たような事案で商法512条により設計費の請求を認めた裁判例もあり、A氏にも同様に相当な報酬の支払義務を負うことになりそうだという感覚がありつつも、他方で、平成26年改正により、建築士法24条の7第1項において、「建築士事務所の開設者は、設計受託契約又は工事監理受託契約を建築主と締結しようとするときは、あらかじめ、当該建築主に対し、管理建築士その他の当該建築士事務所に属する建築士……をして、設計受託契約又は工事監理受託契約の内容及びその履行に関する次に掲げる事項について、これらの事項を記載した書面を交付して説明をさせなければならない」と定められ、その4号に「報酬の額及び支払の時期」と定められたこともあり、裁判例とは異なり、有償の業務委託があったとはいえないのではないかという悩みもありました。

そこで、この事件の展開を十分に読むことができず、また解釈論レベルからの争いにもなれば、訴訟が長引くのではないかという心配もありました。A氏としては早くお金を回収して、別のところに依頼して開店を急ぎたいという要望があったため、建設工事紛争審査会のあっせん手続きを利用することにしました。


## あっせんって何なのさー

建設工事紛争審査会とは、国土交通省及び各都道府県に設置されたADR（裁判外紛争処理）機関であり、その歴史は古く昭和31年から設けられているそうです。

事件の管轄が、国土交通省の建設工事紛争審査会なのか、または都道府県の建設工事紛争審査会なのかは、請負人と発注者がどこから許可を受けたのかによって定まることとなります。私の担当していた事件は、東京都の建設工事紛争審査会が管轄となりました。なお、東京都の建設工事紛争審査会は、東京都都市整備局に設置されています。

建設工事紛争審査会の手続きには、あっせん、調停、仲裁の3つが準備されています。申立てをする場合、どの手続きが事案にふさわしいか

を判断して申し立てる必要があります。そこで、これらの手続きの特徴を簡単に説明し、手続き選択の指針を示しておきたいと思います。

まず、あっせんと調停は、和解による解決を目指す手続きであり、他方で、仲裁は、当事者間の仲裁合意に基づいて、仲裁判断に解決を委ねる手続きです。そして、あっせんと調停の使い分けとしては、技術的・法律的争点が少なければあっせんを選択し、多ければ、調停を選択すべきといわれています。この争点の質と量の違いから、あっせんと調停とでは、関わる委員の数や審理回数（期間）も違います。

私の担当していた事件では、技術的な争点がなく、法的争点のみだったので、あっせん手続きを利用することとしました。


## あっせんのタイムリミット！

慣れない手続きなので、やってみるまでは不安が多かったのですが、実際にやってみると、提出する書面は、内容的に訴状と大きく変わりません。また、手続きも、1回目から和解期日が行われるようなイメージにすぎず、普通の訴訟と同じような感覚で行うことができます。

ただ、1回目から和解期日のようなことを行うため、最初の書面の段階で出し惜しみなく主張する必要があり、また、相手の反論を想定したうえで主張をしておく必要があります。

さらに、審理回数が3回という限定があるため、通常の交渉とは意識を変えて、歩み寄ることをある程度積極的に意識していかなければいけません。相手方代理人がその点を理解していないと、話合いが上手くまとまらないという危険があります。私の担当した事件では、相手方代理人が各期日で提示した金額に変動がなく、和解をする気がないと思うような状態でした。そのため、最後の期日では、早々に訴訟する旨を伝えて、あっせん手続きを終了させることにしました。

## あっせんのおかげ？

　しかし、あっせん手続きの終了した1週間後に、相手方代理人から、こちらが想定していた範囲内の額で和解の申入れがあり、すぐに和解が成立することとなりました。それだったら、期日内で応じてほしかったなという思いもありましたが、期日間で本人の意思確認が十分にできていなかったために、このような流れになったのかもしれません。ただ、比較的短期間で、支払うこともやむを得ないと考えていた範囲の金額で和解が成立したので、結果としてよかったと思っています。

## ワンポイントアドバイス

◎　訴訟以外の手続きが紛争の実効的解決や依頼者の利益に資する場合もあります。そのため、訴訟以外の手続きについても、最低限どのような手続きがあるかを把握しておくべきです。

◎　初めての手続きは、誰しも慣れないものです。定評のある文献を読んだり、手続きを利用したことのある弁護士に聞いたりして、きちんと手続きを勉強して挑むことが必要となります。

◎　訴訟以外の手続きの場合、手続きを行う機関の側も、不慣れな弁護士と接することが多いのか、丁寧に教えてくれることが多いように感じます。わからないことがあれば、恥ずかしがらずに質問し、きちんと教わりましょう。

## □ 手続期間

　ロースクールや司法修習ではなかなか学べないけれども、必ず依頼者に聞かれることが2つあります。

　「いくらかかりますか？」

　「どれくらいの期間かかりますか？」

　期間については、相手方の対応や内容にもよるので、一概に「●か月です」とは伝えにくいですよね。私も、そのことは伝えていますが、参考までに、大体の基準として答えている内容をお伝えします。

　例えば、一般的な建物明渡請求事件の場合、まず、訴状を作成して裁判所に提出するのに1～3週間かかります（ここは、自分の作業時間に関わるので、自分の持ち仕事の量や処理速度を考慮して返答してください）。

　そして、訴状を提出すると裁判所が1週間程度で点検してさらに1か月～1か月半後に第1回期日が設定されます。ただ、この第1回は相手方の予定を考慮せずに決めた期日なので、相手方は必ず出席しなければならないわけではありません。そのため、相手方に弁護士が付いた場合は第2回目から本格的な反論が始まることもあります。場合によっては裁判所が和解をするように促し、和解のための期日が何回か続きます。

　しかも、裁判所は盆暮れ正月や人事異動のある3、4月頃にはあまり期日を入れたがりません。建物明渡請求事件ですと、解除原因が明確な事案であれば3～6か月で終了しますが、相手方が事実関係や法律問題を争うとなると、事案によっては、もっと時間がかかります。

　以上が建物明渡請求事件についてです。また、競売手続きにつ

いては、大体6か月～1年はみておいてくださいとお話ししています。

　大体ここまでいうと、そんなにかかるんですね、と驚かれます。ビジネスの世界ではあり得ないスピード感なのでしょう。私はある事件を紹介してくださった方から期日間の1か月の間に相手と交渉していることなどを依頼者に伝えてください、依頼者の方に弁護士が1か月もの間に何もしていないと思われたら困ります、と言われたことがあります。このように、なんだか対処が遅くないか、というような反応があったときには、裁判所には申し訳ないのですが、いまどき裁判所は土日は開いておらず、盆暮れ正月もきっちり休みをとるので、人員が少なくてまわっていないのですよ、と大体裁判所の制度の問題という点を強調して説明しています。

## Method 02 | 証拠収集

## ▶ 証拠にご用心

――不動産事件では、不動産登記をはじめとしてさまざまな書証を弁護士が取得することも多くあり、弁護士自身どのような場面でどのような書証を取得する必要があるかを判断し、取得した書証が意味することを正確に理解して事件対応を行う必要がある。また、土地家屋調査士、不動産鑑定士、税理士等の専門家に相談や依頼をして事件を進め、時には書証の作成を依頼することもある。

### 体験談 1

# 書証はどこにある

弁護士 4 年目　男性

### 初めての境界確定の訴え

　ある日、依頼者から、所有している土地の隣地所有者から突然、境界確定訴訟を提起され、期日呼出状が届いたとの相談がありました。

　依頼者は、金銭的に余裕はなく、できる限り費用を抑えたいとの要望

がありましたので、依頼者の要望に沿った金額で受任することになりました。

　私にとって、境界確定の訴え自体は初めての経験でしたので、どのような基本資料が存在し、どのように取得するのかという初歩的なレベルから検討する必要がありました。


## 書証を探し回る

　その事件では、訴状における相手方の主張は、不明確でしたが、当方からも主張をしないわけにはいかないので、必要な書証の収集を開始しました。

　土地家屋調査士に依頼することも考えられましたが、依頼者が費用をあまりかけたくないと考えていたことや、事案によっては土地家屋調査士に依頼する必要がない場合もあるので、まずは弁護士が証拠を収集し、主張に必要な証拠が集まるかどうかを検討することになりました。

　まず、依頼者には、土地購入時の書類一式、その他不動産に関わる書類は全て持ってくるように伝えました。

　すると、依頼者の持参した土地購入時の書類の中には、問題となっている境界についての境界確認書がありました。

　それは、本件の相当有力な証拠と考えられましたが、相手方は、境界確認書が事実に反していると主張することが予想されましたので、さらに根拠資料を収集しました。

　また、依頼者が土地を購入した際の売主や、地積測量図を作成した土地家屋調査士に、資料を保管していないか問い合わせをしようとしましたが、売主によると依頼者に交付したものが全てとのことであり、当時の土地家屋調査士はすでに廃業しており、連絡することができませんでした。

　依頼者に土地購入時の資料の持参を依頼すると同時に、私も法務局で、公図、登記及び法務局で保管されている地積測量図を取得しました。

土地が分筆されていれば法務局にその際の地積測量図が存在する可能性が高く、本件土地も地番や現況から、過去に分筆が複数回なされ、その際の地積測量図が有力な証拠になると考えられたので、問題となっている土地のこれまでの経歴を調べるため、閉鎖登記簿に加えて、土地台帳の謄本の取得も行いました。

　閉鎖登記簿謄本には全部事項証明書には記載されていなかった分筆が記載されていたため、当時の地積測量図を取得しようと法務局に問い合わせました。ところが、同分筆は旧土地台帳一元化前のものであり、法務局では保管していないとのことでしたが、法務局の職員から、市役所に保管されている場合もあると教えてもらったので、市役所に赴き、古い地積測量図も取得しました。

　また、この事件では、係争地双方が市道及び県道に面していたため、市や県が保有している道路関係の資料の中に、手がかりとなる情報があるかと思いこれも取得することにしました。道路関係の資料はいずれも電話では図面の存否を教えてはくれませんでしたので、実際に市役所や建設事務所に赴き、道路参考図の写し等をもらうことができました。


## 見えてくる境界と後悔

　収集した書類を検討していくと、土地がどのように分筆・合筆されて現在に至り、どのような図面が作成されてきたかが明確になりました。

　それにより、依頼者が主張している境界が十分に裏付けられることがわかり、収集した資料をもとに裁判上の主張を行いました。

　裁判所も、当方が収集・提出した証拠から、境界の所在は明らかであると判断し、鑑定測量するまでもなく、当方主張の境界が認定されました。

　この事件では、訴訟自体は上手くいきましたが、何度も法務局、市役所、建設事務所へ赴くことになり、証拠の収集に非常に時間がかかってしまいました。

　事務所に入りたての頃は、資料の収集を任されることも多いでしょう

し、事務員にお願いする場合であっても、どこに何があるかを把握していないと適切に指示を出すことはできません。

効率的な業務のため、何を、どこで、どのように（窓口か郵送か）取得できるのかを最初に確認し、できる限り効率的に取得することを心がける必要があります。

特に不動産に関しては、取得可能な証拠が各所に所在しています。弁護士の無知のために依頼者の不利益とならないよう、常に情報収集手段の引出しを増やすようアンテナを張り続ける必要があると実感しています。

体験談 2

# 不動産価値算定の資料

弁護士 5 年目　男性

## 事件のあらまし

もうだいぶ前のことになりますが、私がまだ駆け出しだった頃、ベテラン弁護士と一緒に担当したある事件で、実際に不動産を売買するわけではないものの、それに類似の法律関係となり、不動産の実勢価格（市場価値）をいくらと評価するかが問題となったことがありました。話をイメージしやすいように、ここでは、単に売買する場合と理解してもらえればよいと思います。

この事件における当方の依頼者は、不動産の実勢価格が高いと主張したい立場であり、相手方は、不動産の実勢価格が低いと主張したい立場でした。当方の依頼者が売主、相手方は買主であるとイメージをしてもらってよいと思います。

## 路線価の割戻しはいくら？

　この事件の交渉において、相手方代理人弁護士は、路線価をもとに、0.8 で割り戻した金額が妥当であると主張してきました。これに対し、この事件を一緒に担当していたベテラン弁護士からは、割り戻すのであれば 0.7 で割り戻すのが妥当であるから、その方向で書面を書くように指示されました。

　しかし、当時の私は、路線価は 0.8 で割り戻し、固定資産税は 0.7 で割り戻すものであると、何も理解しないままに覚え込んでおり、そのような数字で割り戻す理由を十分に理解していませんでした。そのため、私は、浅はかにも、ベテラン弁護士が何か誤解をして指示をしてきたのではないかとすら考えてしまいました。

　私は、このベテラン弁護士に的確な意見を述べれば、実力を認めてもらえると考えました。しかし、このベテラン弁護士と何度か一緒に仕事をさせてもらっていたことがあり、単に 0.8 で割り戻すのが正しいのではないかといっても、絶対に納得しないことがわかっていたため、自分の主張を裏付ける資料を探すこととしました。この段階になって、初めて、なぜ路線価を 0.8 で割り戻すという話になるのか、同様になぜ固定資産税を 0.7 で割り戻すという話になるのか、自分が全く理解していなかったことに気づきました。

## そもそも根拠を知らなかった……

　そこで、いろいろと根拠となるような公的資料がないかを調べたところ、路線価については、『平成 4 年度税制改正の要綱（平成 4 年 1 月 10 日閣議決定）』に、「土地の相続税評価の評価割合を地価公示価格水準の 8 割程度に引き上げる等の適正化に伴う相続税等の負担調整を次のとおり行う」という記載があることを知りました。また、固定資産税については、平成 6 年度の固定資産税の評価替えにおいて、宅地等の評価につ

いて地価公示価格の7割程度を目標に評価の均衡化・適正化を図ること
とされていることを知りました。


## よい根拠資料をみつけたとはしゃいだ結果……

　浅はかであった私は、そこで自分が間違っていなかったと思い、ベテ
ラン弁護士に対して、メールで、「0.8で割り戻すのが正しいのではない
でしょうか」と自分が調べた資料のPDFを添付して、意見をしてし
まったのです。

　すると、そのベテラン弁護士から、「添付の資料のように考えられる
ので、路線価は0.7で割り戻すのが、依頼者の利益を最大化するために
もふさわしいため、0.7で割り戻した書面を書くように」という記載と
ともに、資料を添付したメールが返ってきました。

　その資料を読んで、私は、さらに自分の浅はかさを思い知りました。

　その資料には、路線価は公示価格の8割程度であり、また、公示価格は
実勢価格（市場価値）の9割ほどであるということが書かれていました。

　皆さん、すでにお気づきとは思いますが、上記資料によれば、路線価
を0.8で割り戻して得られるのは公示価格にすぎず、実勢価格（市場価
値）を求めるには、さらに公示価格を0.9で割り戻す必要があるという
のです。そのため、ベテラン弁護士は、依頼者の利益を最大化する観点
からは、路線価から実勢価格（市場価値）を求めるために、$0.8 \times 0.9 \fallingdotseq$
0.7で割り戻すべきと言っていたのでした。

　このように浅はかだった私は、公示価格と実勢価格（市場価値）が乖
離し得るものだということを、このとき初めて知ったのでした。

　その後、いろいろと調べたところ、地域によっては、公示価格と実勢
価格（市場価値）とがかなり乖離しているようで、実勢価格（市場価
値）が公示価格の1.5倍くらいの地域もあるという記載をみつけました。

　このとき、自分の理解の浅さや思い込みが、依頼者の利益を害する危
険があるのだということをしっかり意識するようになり、「業界慣習で

ある」とか、「そのように理解されている」などという言葉に惑わされず、なぜそのような慣習となっているのか、なぜそのように理解されているのかということを、自分が納得できるまで調べるようになりました。

そのような癖をつけてからは、一見、勝ち目がないかのように思える論点についても、まれにですが、結論を覆したり、より有利な和解案を導く道をみつけたりすることができるようになりました。

## ワンポイントアドバイス

◎ 不動産に関係する書証はいろいろな種類のものがいろいろな場所にあるため、どこに何があるか日頃から意識する必要があります。

◎ 依頼者が専門家でない場合には、依頼者自身が書証を取得できない場合もあるため、弁護士自身も書証の存在や取得方法を理解していないと重要な書証を取得できないまま事件を進めてしまうおそれがあります。

◎ 理由をきちんと理解しないままに、皆がそうしているから、裁判所の運用がそうだからといった理由で、話を進めようとすると、思わぬ失敗をすることがありますので、きちんと根拠を確認しましょう。

◎ 公示価格と実勢価格（市場価値）が乖離する地域もあれば、乖離しない地域もあるようですので、問題となっている土地について公示価格と実勢価格（市場価値）の乖離を主張する場合には、きちんと調べてから主張しましょう。

# □ 不動産関係の資料の内容と収集方法

　不動産に関する資料にはたくさんの種類がありますが、基本的な資料について最低限の知識を有していることは、不動産事件を扱ううえで大変重要です。

　ここでは、弁護士であれば誰でも知っておかなければならない資料について、記載内容や収集方法について、簡単に紹介します。

　ここで紹介するほかにも多くの資料（Method02 参照）があり、ここでの紹介は簡単なものですので、より多く、また、より深く不動産関係の資料について学んでおくことは業務上大変役に立ちます。

## ■ 地図または地図に準ずる図面（公図）

　地図または地図に準ずる図面（公図）とは、法務局に備え付けられている図面です。同図面からは、各地番の土地の位置関係や、土地のおおよその形状がわかります。なお、不動産登記法 14 条 1 項の地図及び建物所在図や同条 4 項の地図に準ずる図面等があり、それぞれ精度も異なります。

　現在は、地図証明書及び図面証明書の情報交換サービスにより、不動産の管轄地以外の法務局であっても取得することが可能です。また、誰でも取得することができます。

　資料 1 は、霞が関の弁護士会館が所在している土地（霞が関一丁目 1 番地 1）の「地図に準ずる図面」の抜粋です。土地が大きいため、図面が複数枚に分かれており、少々見にくいですが、あわせると資料 2 のようになり、隣接する土地との位置関係や土地の形状がわかります（24、25 頁参照）。

　弁護士会館は、この土地の一部分の上に建っていますが、公図のみでは同土地上のどこに建っているかはわかりません。住宅地

図やインターネット上の地図サービス等とあわせてみる必要があります。

■　**不動産登記事項証明書**

不動産登記事項証明書とは、法務局に備え付けられた不動産の登記簿の記載内容を証明する書類です。

土地であれば、所在、地番、地目、地積、並びに分筆及び合筆の経緯等、建物であれば、所在、家屋番号、種類、構造、床面積及び建築された日等が記載されており、土地、建物のいずれについても登記されている権利関係（所有権、抵当権や賃借権等）が記載されています。また、共同担保目録も取得すれば、共同担保となっている他の不動産も記載されます。

不動産登記に記載されている事項の証明は、法務局で取得することができ、登記情報提供サービスにより不動産の管轄地以外の法務局でも取得することが可能です。また、誰でも取得することができます。

不動産登記事項証明書には全部事項証明書のほか、現在事項証明書や一部事項証明書等、複数の種類がありますが、通常の弁護士業務では共同担保目録と信託目録も要するとして全部事項証明書を取得することが多いです。

なお、その他、コンピュータ化等ですでに閉鎖された登記簿の閉鎖登記簿謄本も、記載内容はほぼ同じで、誰でも取得可能ですが、これらは管轄法務局でなければ取得することができません。

資料3は弁護士会館の建物登記情報（登記事項証明書ではありません）です。所在、建物の種類や構造、床面積、会館が建築された日、所有者等がわかります（26頁参照）。

## ■ 地積測量図

　地積測量図とは、地積の測量成果を図面化した図面です。現在、土地の表示の登記、分筆登記、地積更正登記の添付書類として法務局に保管されているもののほか、私人が登記以外の用途のために作成し保管しているものもあります。作成された時期等により、精度や座標の記載の有無等内容にも違いがあります。

　不動産登記事項証明に、分筆登記や地積更正登記の記載があれば法務局に保管されていることがあります。また、法務局に保管されている地積測量図は、誰でも取得することが可能です。

## ■ 固定資産評価額証明書

　固定資産評価額証明書とは、固定資産の評価額、課税標準額、所有者、所在等を証明するものです。

　所有者本人や、所有者から委任を受けた者、あるいは一定の場合に職務上請求で取得できますが、誰でも取得できるわけではありません。

　名称は類似していますが固定資産公課証明書とは、記載内容、必要とされる場面、取得方法が異なりますので、注意が必要です。

　なお、固定資産税評価額とともに、Method02 体験談２に登場する「路線価」は、国税庁のホームページから調べることもできます。

　これらの書類は、事務員にお願いして取得することも多いと思いますが、弁護士自身も、資料をどこで取得することができるのかは把握しておいた方が、適切かつ効率のよい業務に役に立ちます。

　また、資料の内容についても、不動産関係の事件では依頼者も（不動産関連業者や専門職の方々は特に）不動産関係の資料に詳

しいことが多いので、弁護士の理解が不足していると、依頼者からの信頼を失いかねません。反対に、突然に示された資料についても的確に情報を抽出しアドバイスをすることができれば、依頼者からの信頼を得ることにつながるのではないでしょうか。

**資料　1**

表示年月日：2017／06／28

N

1-7

1-1（4/8）

1-8

道　　　　　　　　　　　　　道

地番区域見出
霞が関１丁目

| 請　求部　分 | 所　在 | 千代田区霞が関一丁目 | | | 地　番 | 1番1 | | |
|---|---|---|---|---|---|---|---|---|
| 出　力縮　尺 | 1/600 | 精　度区　分 | 座標系番号又は記号 | | 分類 | 地図に準ずる図面 | 種類 | 旧土地台帳附属地図 |
| 作　成年月日 | 昭和49年3月15日 | | 備　付年月日（原図） | | | 補　記事項 | | |

## 資料 2

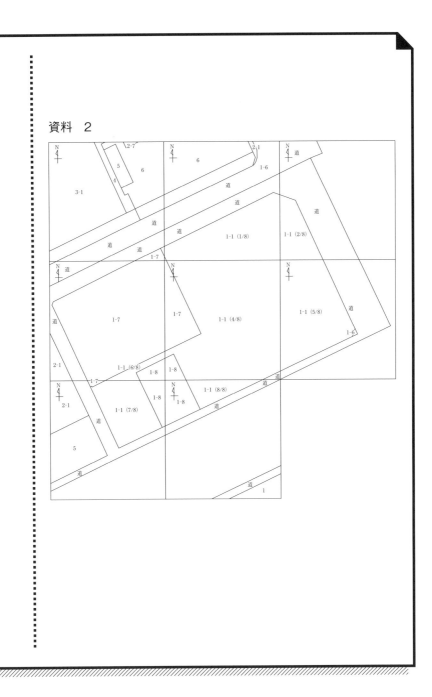

資料 3

2017／06／28  10：59  現在の情報です。

| 表　題　部　　（主である建物の表示） | 調製 | 余　白 | 不動産番号 | 0100001100806 |
|---|---|---|---|---|
| 所在図番号 | 余　白 | | | |
| 所　　在 | 千代田区霞が関一丁目　1番地1 | | | 余　白 |
| 家屋番号 | 1番1 | | | 余　白 |

| ①　種　　類 | ②　構　　　　造 | ③　床　面　積　　㎡ | 原因及びその日付〔登記の日付〕 |
|---|---|---|---|
| 事務所 駐車場 店舗 | 鉄骨鉄筋コンクリート造陸 屋根地下2階付17階建 | 　1　階　　　1124：45<br>　2　階　　　1560：55<br>　3　階　　　1164：27<br>　4　階　　　1420：05<br>　5　階　　　1400：53<br>　6　階　　　1384：64<br>　7　階　　　1269：64<br>　8　階　　　 836：78<br>　9　階　　　1234：97<br>　10階　　　1175：17<br>　11階　　　1278：44<br>　12階　　　1198：41<br>　13階　　　 994：98<br>　14階　　　1278：44<br>　15階　　　1278：44<br>　16階　　　1213：43<br>　17階　　　1162：87<br>地下1階　　　2150：95<br>地下2階　　　1316：59 | 平成7年6月15日新築<br>〔平成9年5月2日〕 |
| 所　有　者 | 東京都千代田区霞が関一丁目1番3号　持分100分の27　日　本　弁　護　士　連　合　会<br>東京都千代田区霞が関一丁目1番3号　100分の36　東　京　弁　護　士　会<br>東京都千代田区霞が関一丁目1番3号　100分の19　第　一　東　京　弁　護　士　会<br>東京都千代田区霞が関一丁目1番3号　100分の18　第　二　東　京　弁　護　士　会 | | |

＊　下線のあるものは抹消事項であることを示す。

## Method

# 03 | 不動産売買の瑕疵担保

## ▸ 「瑕疵」はむずカシい?

——瑕疵担保責任に基づく損害賠償請求。司法試験にもよく出る請求権で答案に書くのは簡単かもしれない。しかし、実務で「瑕疵」の主張・立証を行うのはとても骨が折れる作業だ。依頼者は「瑕疵」に気づいていないこともある。また、「瑕疵」に気づいていたとしても、裁判所が請求を認容してくれるだけの証拠を集めることは、支出できる調査費用の限界もあり、なかなか難しい。

### 体験談1

# 依頼者は「瑕疵」に気づかない?

弁護士4年目　男性

## お金と専門性

　念願のマイホームを取得できたと喜んでいたのに、一瞬のうちに奈落に突き落とされる気分だろうと思います。せっかく高いお金をかけて買った中古のマイホームに、次々と、とんでもない瑕疵が発見される。

私のもとにきた依頼者は、あまりのショックで精神面まで病んでしまい、困り果てて法律相談に来られました。

　建物の瑕疵が紛争になる事件は、建築関係訴訟でも多く、このような事件の類型では、買主の側から主張される瑕疵の存在が認められるか否かが重要な争点となってきます。

　しかし、この瑕疵の特定は厄介で難しいものです。なぜなら、不動産の当該不具合が建築に関する専門的な見地からも不具合・欠陥といえるのかどうかについては、専門技術的見地が必要であり、法律の専門家である弁護士にはその点を判断できない場合も多いからです。

　そこで、弁護士としては、建築技術的側面からの検討を行うために、建築の専門家、専門業者に瑕疵の判断を依頼することになります。信頼できる建築の専門家、専門業者とのコネクションがあることも、弁護士の力量の一部といえると思います。

　弁護士としては、建築の専門家に一任して、瑕疵を洗いざらいみつけてから訴訟を提起することがベストかもしれませんが、専門家に依頼するだけでも相応の費用がかかるため、依頼者によっては、最低限の調査で済ませたいと考える場合も多いのではないかと思います。瑕疵を発見するための調査をどのようにするかについては、まずは依頼者の意向を聞いて、訴訟が費用倒れにならないように瑕疵を発見、特定していくことが必要になると思います。

　「瑕疵」については、依頼者は建築の専門家ではないことが通常ですので、さまざまな不具合や自分にとって不満足な点を「瑕疵」であると主張する傾向にありますが、弁護士としては、不動産実務や裁判例を踏まえて、ある程度瑕疵にあたりをつけ、訴訟で取り上げて意味のある瑕疵、具体的な根拠のある瑕疵、主張・立証が可能である瑕疵に限定して主張をしていくのが妥当だと思います。その意味では、不動産事件は専門性が高く、弁護士にも勉強と経験が求められる種類の事件類型であるといえます。

## 法律構成を検討する

　瑕疵を主張する場合には法律構成も重要な検討事項になると思います。瑕疵を主張する場合の法律構成としては、瑕疵担保責任、債務不履行責任、不法行為責任があり、瑕疵担保は無過失責任ですが、債務不履行及び不法行為は過失責任であるという点に違いがあります。

　瑕疵担保や債務不履行を選択する場合に迷う事項として、物件の瑕疵が重大であるとし、契約の解除まで主張するのか、損害賠償請求にとどめるのかということがあるのではないでしょうか。解除の場合、契約目的が達成できないという要件が付加されるので認められる場合が限定されていることに加え、不動産の利用計画が具体化している場合などは、依頼者にとっても不利益がかなり大きくなるでしょうし、損害賠償請求の相手方の資力次第では、解除を主張することが大きなリスクになる場合もあります。したがって、依頼者に十分なリスクを説明したうえで、解除の主張を行うかどうかを検討することになると思います。

　瑕疵の主張とあわせて損害の具体的内容について主張・立証を尽くすこともおろそかにできません。損害の立証方法としては、すでに修補を行っているのであれば、瑕疵が存する部位の修補費用の請求書や領収証等で立証し、いまだ修補を行っていないのであれば、不動産業者の見積書等を提出し、損害の主張・立証を行うのが一般的であると思います。


## 「瑕疵」の主張を落とす

　冒頭の事件の「瑕疵」の聞き取りで、私は冷や汗をかく経験をしました。初期の聞き取りで、依頼者は、ゴミ置き場が中古不動産の側に設置されていたことにつき、不動産仲介業者からも不動産の売主からも説明を受けずに買ったところ、購入後にゴミ置き場になっていることを知ってショックだったと述べておられました。訴状では、建物の客観的瑕疵に集中して起案を行い裁判所に提訴しました。しかし、不動産関係の法

律書を読んでみると、ゴミ置き場が家の側にあるということは心理的瑕疵として、損害賠償請求ができそうだということに気づきました。第1回口頭弁論で、訴状を訂正したいと伝え、次回期日までに訴状訂正申立書を提出して、不動産の心理的瑕疵の主張を追加し、何とかことなきを得ました。

不動産の「瑕疵」は、専門技術的であるため、依頼者も何が瑕疵であるかを知らないことが多いです。したがって、弁護士としてはある程度勉強して何が瑕疵にあたるのかあたりをつけられるようにしておかないと、依頼者からヒアリングした内容を上手く法律構成に生かすことができないおそれがあります。不動産事件を扱うからには、しっかりと事前の勉強が必要だと痛感させられた事件でした。


## 体験談2

# 壁との闘い

弁護士7年目　男性


## 内容の壁

弁護士になって2年目、中古木造住宅の買主の代理人として活動した際の話です。

当方の依頼者は、「中古住宅を買ったら、床の一部が傾いており、生活していてめまいがする。傾きがあるなどと説明はされていないし、むしろ、傾きはないと説明されたから買った。何とかならないのか」と、相談にいらっしゃいました。

主張は、売買契約の瑕疵担保責任をメインにすべきだろう、というのはすぐに見当がつき、その内容で主張を構成しようとしつつ、不動産や

030

建築に関する文献を調べていくと、すぐに壁にぶつかりました。

「木造建物は経年変化により劣化し、床が傾くこともある」「経年変化による床の傾きは、建物の瑕疵とはならない」このような記載がなされた文献がいくつもみつかったからです。

本件の課題は、「今回の床の傾きが、経年変化による傾きでないことを主張・立証できるか否か」。

ターゲットはすぐに明確になりましたが、主張・立証方法については、当初、見当がつきませんでした。


## 費用の壁

依頼者は、中古住宅購入に費用を拠出しているうえ、今後、床の傾きの補修工事も控えており、建築士の意見書作成等のために費用を拠出することに対しても消極的です。

そのため、建築士にも正攻法では頼れない。

そこで、まずは取り急ぎ文献やインターネットで調べてみましたが、これといった証拠はみつかりません。

経年変化とそうでない傾きの違い……

「傾きの程度か？　……違う。あれは？　……違う……」

そんなことを考え、四苦八苦しているうちに、依頼者の知人の建築士が、"床の傾き診断"をやってくださることになりました。

「これで何とかなる！」と思った私は浅はかでした。依頼者がお願いした費用での傾き診断では、床の傾きの程度とその原因が経年変化ではないと推測されるとの結論までは書いてくれるものの、その途中の推察過程は書いていただけなかったのです。

**031**

## 無料電話相談

　推察過程がわからなければ、主張を組み立てることもできません。

　建築士の登場にもかかわらず、振出しに戻った気分（本当は何も進んでいないだけ）になった私は、他の業務を行いながらも、悩む日々が続きました。

　このように日々を過ごす中、たまたま知り合い、仲良くなった建築士に、思い切って、経年変化とそうでない傾きの違いの見分け方を聞いてみました。

　すると、その建築士は、偶然、経年変化とそうでない傾き等、建物の異常診断を得意としているようで、いろいろと、見分け方に関する知識を教えてくださいました。

　そのうえで、翌日、依頼者の知人の建築士が書いた診断書及び図面を見てみると、確かに昨日の建築士が言っていた兆候がいくつも書かれています。

　そこからは、無理を言って、建築士に無料電話相談をし、こちらの推察過程が、建築士としてみて不当かどうか意見をいただきながら主張構成し、提訴しました。


## 気分は建築士！？

　理論に裏付けられた主張が功を奏したようで、裁判官の心証も上々。しかし、被告が粘り、尋問が近づいてくると、やはり裁判官から「原告の主張を裏付ける建築士の意見書を提出してもらえませんか」との注文が……。

　依然、費用の拠出には消極的な依頼者。今後依頼者が抱えている事情からして、私たちからみても、何とか低廉な費用で抑えたいと思うところです。

　そこで、私たちは、意見書を建築士に１から書いてもらうのではなく、

私たちが意見書の内容をほぼ下書きし、建築士に若干の手直しと、署名・押印をしてもらう方法で意見書を作成していただけないか、と交渉しました。

　幸い、建築士からは、この提案に同意いただけ、とても低廉な価格で、今回の訴訟に必要十分な意見書を得ることができ、無事勝訴することができました。

　「費用を抑える」という目的から始まった弁護活動でもありましたが、専門的知識についても自分で理解することの大切さ、また、その効用を二重三重に味わった事件でした。

## ワンポイントアドバイス

◎　瑕疵の調査には費用がかかるため、損害額との関係で、コスト倒れにならないよう留意する必要があります。

◎　瑕疵の聞き取りは、瑕疵のあたりをつけられる位の知識がないと依頼者からのヒアリング内容を上手く法律構成に生かせないリスクがあるので注意が必要です。

◎　不動産事件を取り扱う際は、専門的知識が必要になることが多いですが、専門家に頼ろうとすると、その費用の拠出や専門的知見の利用方法、主張・立証方法等、さまざまな面で問題が生ずることが多く、そこをどう乗り越えるかは、弁護士にとって１つの腕の見せ所です。

　最良のリーガルサービスを提供できるよう、創意工夫を凝らしましょう。

## □ 財団放棄物件

　破産事件において破産者が不動産を所有している場合、大抵は破産管財人において不動産の換価処分を行います。しかし、破産管財人が相当の期間をかけて売却を試みたものの買い手が現れる見込みがないときや、担保権者と折衝を続けても話合いがまとまらず、任意売却の見込みがないときは、不動産が破産財団から放棄されてしまうことがあります。破産者は固定資産税等の税金も滞納していることが多いのですが、破産者が個人（自然人）の場合、租税債権は破産免責の対象とならず、刻一刻と滞納額が増加していくため、不動産が破産財団から放棄された後も任意売却によってなるべく高い金額での売却を試みる価値があります。また、担保権者としても任意売却の方が回収額が高くなることが多いため、任意売却に応じるメリットがあります。そのため、私は、不動産が破産財団から放棄された場合でも、破産者の申立代理人として、なるべく高い金額での売却に協力してくれる競売や売買に強い不動産業者に任意売却を依頼することがあります。もし知り合いの不動産業者がいない場合には、破産管財人に対し、破産手続中に依頼していた不動産業者を教えてもらうとよいでしょう。

　もっとも、財団放棄後の任意売却はいつも上手くいくわけではありません。以前、私が申立人代理人を務めた事件で、担保権者は当初は任意売却に同意しており、売却代金配分の内訳も出ていたにもかかわらず、突如、サービサーに対して債権譲渡をしてしまったことがありました。破産手続き終了後、サービサーの担当者と面談をしたところ、担当者も「うちの会社はほぼ100％任意売却で処理しています。この件も任意売却で処理する方針です」と言ってくれたので安心していたのですが、結局、サービ

サーは競売を申し立て、自己競落してしまいました。

　このように上手くいかない場合もありますし、租税債権が被担保債権に劣後する場合（抵当権の設定登記が租税公課の法定納期限等より前の場合）は、担保権者が市区町村（地方税）や財務省（国税）への組入れ（支払い）に同意せず、滞納額を減らせないケースもあります。けれども、財団放棄後の任意売却を行うことにより、①その経験が、将来、破産管財人に就任するときに役立つ、②不動産業者に仕事を回すことになるため、別の事件でその不動産業者に協力してもらいやすくなるという副次的なメリットがありますので、若手の方は是非チャレンジしてみるといいと思います。

## Method

# 04 建築紛争・建築瑕疵

---

## ▶ 逃げるな建築紛争

——建築紛争・建築瑕疵の法的紛争と聞くと、専門的な分野だとして、躊躇してしまう弁護士も多いのではないだろうか。しかし、建築紛争・建築瑕疵が問題となる事件でも、その内容は当然多岐にわたり、資料をつぶさに見て対応することで一般的な弁護士でも対応可能な事件もある。1件でも建築調停や専門委員の関与する紛争に関われば、その後の精神的負担はぐっと減るだろう。若手のうちこそ専門分野に飛び込んで経験を積むべきである。

### 体験談 1

# どこまでも〜限りなく〜広がるカビと建築紛争

弁護士7年目　男性

## 事件はいつも突然に

　建築関係の訴訟となると、専門的で自身には関わりのない事件と思ってはいないでしょうか？　実は私もそうでした。しかし、事件はいつで

036

も突然やってきます。

　私の高校時代の、理系の分野に進んでいた友人から、久しぶりに連絡がありました。話を聞いてみると、現在設計事務所で仕事をしており、父親が建築士をしているが、突然、裁判所から訴状が届いたので、どうしたらよいかわからず、相談したいとの内容でした。

## カビはデザインじゃないですよね！

　内容を確認してみると、原告は中古のマンションを平成21年に購入した買主で（相談時は平成23年末）、請求の内容は、寝室の天井及び壁にカビが発生し、広がっていることが、建築時の設計ないしは監理義務違反であるとして、発生した損害について不法行為責任を追及するという事件でした。

　しかし、当該マンションを依頼者が設計し、マンションが竣工したのは平成3年のため、相談時においてすでに20年以上経過した後の訴訟ということになります。私の感触としては、「今回の原告がそのように主張したとして、これまでの所有者に問題がなかったのであれば、それは設計の問題ではないのではないか？」と思っていましたが、他方において、中古不動産の売買において、中古不動産の購入者が、時効や除斥期間にかからず、設計者に対する不法行為に基づく損害賠償請求が行使できるとすると、設計者は、新所有者が現れるたびに実質的に無期限の責任を負うものに等しく、設計者の立場を著しく不安定にするのではないか、と思いながらも、訴状に対して適宜認否を行い、訴訟に臨むことにしました。

## 当事者いっぱい建築紛争！

　期日に赴いてみると、実は、今回の訴訟では建築士のみが訴えられて

いるのではなく、多くの人物が訴えられていたのです。建築士以外には、①中古不動産の売主、②中古不動産の売買の際の仲介業者、③共有部分の管理会社、④不動産を当初売り出したデベロッパー、⑤工事を担当した施工業者など、とにかく考えられる被告に対して、訴訟が提起されているようでした。

　訴訟に至る経緯について、他の被告代理人に確認をしてみたところ、どうやら原告は、当初は①中古不動産の売主との間で、瑕疵担保責任、詐欺、錯誤等、②中古不動産の売買の際の仲介業者との間で説明義務違反、詐欺等で争っていたようなのですが、そのうちに、原告の方が「通気ダクトの問題であれば、通気ダクトを掃除していない」ことから、③共有部分の管理会社の債務不履行ないし不法行為である、として被告を追加し、その後、そもそもの設計や施工に問題があったのではないかとの主張により、④不動産を当初売り出したデベロッパー、⑤工事を担当した施工業者と設計士に対して、次々に訴訟を提起したようでした。

　被告としてみると、訴訟に巻き込まれた形で対応せざるを得なくなった事件ですが、確かに原告の立場に立ってみると、被告の答弁によって「そもそも買ったときからこうだった」等の主張が出てくると、設計士や施工業者等を訴えるという考えに至るということは、あり得なくはないかと思います。当方としても、訴えられた以上、適切に対応しなければなりません。


## 専門委員に聞いてみよう

　かくして、多数の当事者を抱えた訴訟が始まりました。被告らは基本的には協調姿勢をとりますが、「売主が所有していた際に問題が生じたのか」「施工業者の問題なのか」「設計の問題であるのか」等の争点においては、互いに敵同士です。そのため、原告も含め、数多くの主張・反論が行われ、設計図、売買契約書等の書証も提出され、大体の主張が整理された後、訴訟は専門委員が選任され、専門家の意見を聞くことにな

**038**

りました。専門委員とは、基本的には設計士等、学識経験を有する人が選任され、裁判官の判断の手助けをするものです。初めて専門委員の関与する法的紛争に携わりましたが、裁判官も当該分野の専門家ではないので（もちろん、専門部に配転される事件では知見を蓄えていらっしゃる裁判官が多いと思いますが）、専門委員の意見をかなり重視しているようでした。専門委員及び裁判官からの質問は、各当事者が順番に部屋に入って、受けることとなりましたが、設計士に対しては、「ここは発泡ウレタンの吹きつけだけではなく、気密シートを用いた方がよかったんじゃないの？」等と厳しい質問が向けられました。ただ、こちらも先にどのような質問をされる可能性があるか打ち合わせたうえ、回答を準備していたため、当時の技術や知識経験に基づいて、法的に問題がなかったことを適宜説明しました。

## 被告多数のてん末は……

　専門委員が関与した結果、設計時において法的に問題があったとはいえない物件であるとの心証となりましたが、和解協議の期日においては、当方にとっては苦しいことに「より湿気が溜まらないような設計や施工の方法はあった」という専門委員の意見を裁判官が重視し、一定程度の支払いをしてほしい旨の打診を受けました。他方で、中古不動産の売主や仲介業者に対しても、「法的義務ではないとしても、湿気の溜まりやすい物件であることを売買の際に伝えておいた方がよかったのではないか」との打診がなされたことによって、最終的には、①中古不動産の売主、②中古不動産の売買の際の仲介業者、④不動産を当初売り出したデベロッパー、⑤工事を担当した施工業者と依頼者とで、クロスの張替え、清掃費用等十数万程度を分割して支払うことになりました。
　このあたりは、本件が判決までもつれるのであれば法的責任が認められるのかどうか微妙な事件であるとは思いましたが、各被告において分割して支払うという合意内容になったことから、１人当たりの負担額が

数万円になりました。

　その当時、私は弁護士として駆け出しだったため、建築士の負う責任に関する文献を読み漁り、判決まで戦ってやるぞ、という気持ちをもっていましたが、依頼者も和解を希望したこともあり、和解で終わることになりました。

　若干、たくさんの当事者を被告に加えた原告の作戦勝ちかもしれないな、との印象をもった、思い出深い事件でした。

---

```
体験談 2
```

# 投資物件「穴」リシス

弁護士 3 年目　男性

## 先生、穴が開いています

　弁護士としていろいろな会合に参加するようになると、たくさんの人と知り合うことになります。私も弁護士登録をして以降、他士業はもとより、医師、企業の経営者、最近は自らの職業を「投資家」と名乗る人とも知り合うようになりました。今回お話しするのは、ある会合で知り合った投資家から、後日連絡があった事件です。

　その投資家は、特に投資物件に力を入れており、いつも不動産情報を手に入れては、「利回りが何％」という話や、「これから駅前の再開発が進むから価値が上がる」等といった話を興奮して話しており、私に対しても「先生、よい物件の情報が出ていますよ、買いませんか」と冗談交じりに話していました。

　そんなある日、突然投資家から「先生、不動産業者を詐欺で訴えたいのですが、いくらかかりますか？」との連絡がありました。私は、詐欺

とは穏やかではないなと思いつつも、まずは投資家の話を聞くことにしたところ、相談の内容としては、投資家が購入した1棟の不動産について、天井を支える躯体に人が通れるほどの大きな穴が開けられていることが、購入後に判明したとのことでした。当該不動産は、ある資産家が昔別荘として建てた大きな1つの物件の内部を3年前にリノベーションし、1階が3部屋、2階が3部屋の中古マンションとして売りに出され、不動産業者が所有していたものを、投資家が投資対象物件として数か月前に購入したものでした。

しかし、売買契約締結後、2階の203号室に居住する賃借人から、配管の詰まりがあるとの連絡があったため、管理会社にお願いして、外からマンションの屋根裏に入ってもらい、当該部屋の天井の上にある配管の確認をしてもらったところ、配管を調べるためかは不明であるものの、203号室の天井の上に該当する壁面部分に、コンクリートを壊して50cm四方の穴が開けられており、その部分はコンクリート内の鉄骨も切断されていることが判明したのです。

## 富豪の別荘は配管もこだわる

当然、上記の「穴」は売買契約の際には伝えられていない事情だったため、投資家は売主である不動産会社に対して苦情を申し入れました。

これに対して不動産業者は、「我々も知らなかった」と述べたため、弁護士が介入して話をしたところ、消費者契約法も争点となりましたが、主に、不動産業者も知らなかったのであれば、当該「穴」について、売買契約の「隠れたる瑕疵」に該当するか、契約の解除ができるかどうかが大きな問題となりました。

不動産業者としては、①当該物件については、穴を開ける以外に203号室の配管を調べることができないため、仮に穴が開いていなかったとしても、今後開けなければならないことから、穴が開いていることは売買契約における「瑕疵」に該当しない、②穴については、コンクリート

で埋めることができることから修補が容易であり、契約の目的を達することができないとはいえないから、契約を解除するには至らない、との反論がなされました。

　このうち、①については、確かに、穴を開けなければ配管を確認をすることができないのであれば、いずれかの段階で穴を開けなければならず、そのような物件なのであればそもそも設計の問題であり、本件売買契約固有の瑕疵ではないように思われました。しかし、当該マンションの設計図のみならず、リノベーション前の別荘の見取り図も取り寄せ、数人の設計士に確認をしてもらったところ、少し面白いことがわかりました。

　実は、当該物件は確かに外側から配管の確認をすることができないのですが、もともとは1つの大きな別荘であったことから、室内の天井を外し、201号室の天井の上から進んでいかなければ確認することができない造りになっていたのです。そして、そのような構造は、かなり昔に一時期だけ流行った施工の方法で、今ではほとんど採用されていないことから、図面をパッと見ただけでは、素人はもとより、若い設計士もわからないだろうとのことだったのです。当然、別荘を造った際の所有者は当該事情を知っているでしょうから、穴が開けられたとすると、リノベーション後ということになります。幸いにも、何人かの設計士に確認をした結果、上記の事実から、配管を確かめるために「穴」を開けなくてもよいということがわかり、本件売買契約固有の問題であることがわかりました。

　しかし、上記②で述べた「契約の目的を達することができないか」については、躯体の鉄骨が切断されたことにより、本件不動産の強度がどの程度減少して危険な状態となっているのか、後からコンクリートで一部を補強することによって安全性を欠かない程度の強度になるのか、一部の補強にとどまらない場合どの程度の補強が必要なのか等の調査は、正直、数十万単位の費用とかなりの時間をかけて調べなければならない問題でした。

## 投資家のロスカット

　私としては、投資家が調査費用を出してくれるのであれば、安全性について確認し、訴訟も検討していたのですが……そうしたところ、投資家の方から、「いや、むしろ『穴』が開いていても安全性に問題がない方がよい。もうこのまま売ってしまいたいと思います」と言われました。話を聞いてみると、建築士や設計士の安全性の確認の調査費用にも数十万円かかるし、銀行でローンを組んだ利息や手数料分を相手方に絶対に支払わせることができるか難しく、請求にも何十万円の弁護士費用がかかるうえ、時間もかかる。その間資金がロックされてしまうのであれば、現在の状態をきちんと説明して、早急に当該物件をさらに他者に売却した方がマイナスが少ないので、この件はこれで終わりにしたい、と告げられました。

　さすがに投資家だけあって、損切りの判断も迅速です。結局、私の方も売却のための準備の手伝いをした後に案件としては終結したため、その後に当該不動産に買い手がついたのか、いくらで売れたのかは、わかりません。

　今の時代には、個人でも資産運用として、投資用物件としてマンションを購入する方も増えているように思います。本件のように１棟を購入する場合はもとより１室を購入する場合でも、本当に法的リスクのない物件であるのか見極める必要があるでしょう。

　私が投資用物件を買うことはないかもしれませんが、法的な問題だけではなく、資産運用についても勉強になる事件でした。

## ワンポイントアドバイス

◎　裁判官は専門委員の意見を重視するため、専門委員の意見は訴訟の帰すうを左右する非常に大事な事項です。ただ、専門委員は裁判官とは異なるため、法的な論点であるかないかをしっかり区別して答えましょう。

◎　弁護士はさまざまな視点から依頼者にとってベストな解決を求める必要があります。多数の被告がいる事件の場合、原告だけでなく被告間でも責任の所在を争うことも考えられますが、被告間で一定額を分担することになると、1人ひとりの負う債務額も小さくなるため、早期終局的な解決の視点ももって、依頼者の利益を検討する必要があります。責任の押し付け合いや、求償を求める紛争を長々と続けることは、場合によっては依頼者にとってマイナスになります。

◎　建築瑕疵の争訟において当事者の側で建築士、設計士等に専門的な意見を聞く場合、弁護士費用のほかに調査費用や交通費等もかかります。また、不動産の購入には、利息や不動産取得税、仲介手数料、司法書士の登記移転手続費用等がかかっているため、それらも賠償されるのか難しいところです。

　単に契約を解除して売買代金だけ戻ってきても、依頼者が満足しない可能性があるため、訴訟に踏み切る前に「何にいくらかかるのか」「相手からいくら取り戻すことができる可能性があるか」等を検討する必要があるでしょう。

## Method
# 05 | 共有

▶ **物は共有、意思も共有？**

――不動産は、購入時に共有とすることを選択した場合のほか、相続等により共有関係が生じることはよくある。

　持分権者の1人は不動産を処分したいと考えているが、他の持分権者が分割や売却に納得しないことも多い。また、共有者は親族関係にあることが多いが、親族だからこそ紛争が起きた際に解決が難しいということもある。ケースに応じて、適切な交渉・解決方法を選択しよう。

体験談1

# 全面的価格賠償の方法による共有物分割

弁護士4年目　女性

　依頼者は、2年前に父親が共有持分8分の5を有する建物を相続しました。当該建物は、都心の一等地に所在し、もともとは依頼者の祖父が借地上に建築し、祖父の相続の際に、父親が8分の5、そして他3人の兄弟（依頼者の叔父ら）が各8分の1を取得したものでした。

045

## 共有建物の賃料を独り占めしていたら……

　依頼者の父親は、10年ほど前に独断で当該建物を飲食店に月額100万円の賃料で賃貸し、賃料全額を1人で収受していました。依頼者は父親の跡を継いで、この賃貸借契約をそのまま継続していたのですが、父親の三回忌のときに当該建物の共有者である叔父らから、10年間分の賃料収入の各持分相当額を支払うよう求められました。叔父らは、兄である依頼者の父親には言い出しにくかったことを依頼者の代になって要求してきたようでした。依頼者は、これまでおくびにも出なかった話を急に言われても困る、と難色を示していたところ、叔父らから、共有物の分割と賃料の持分相当額の支払いを求めて訴訟が提起されました。

## 争点は評価額

　訴訟手続きにおいては、裁判所から和解勧試がなされました。

　依頼者は、本件建物を自身が単独所有し、叔父らには各持分相当額の金銭で賠償する全面的価格賠償の方法による分割を希望し、この点は叔父ら側にも異存はありませんでした。

　問題は物件の評価額でした。双方がそれぞれ提出した不動産鑑定士による鑑定評価は、金額の開きが大きく、容易に折り合いがつきません。もっとも、本件建物は築約70年で、近い将来には建替えが必要となる状態だったため、建物自体にはほとんど価値はなく、もっぱら借地権の価値が争点となりました。

　評価額の算定にあたっては、本件物件が収益物件だったことを踏まえて、収益還元法による評価を重視することになったところ、上述のとおり、本件建物がかなり古かったこともあり、借地権維持のために建物補修費用及び建替費用の積立金を必要経費とすることで双方が合意できたため、本件土地建物の評価額は控え目に算定され、依頼者にとって有利な形で話を進めることができました。

## 買取資力も重要

とはいえ、依頼者が叔父ら3人の各共有持分相当額を価格賠償するためには、総額で約4,500万円（各1,500万円）の金銭を用意する必要がありました。裁判所は、和解による解決の場合であっても、価格賠償は一括支払いとすることを基本とする方針をとっているようで、確実に履行される客観的な事情が認められない限り分割払いは認め難いとのことです。

幸い、依頼者には、父親から財産を相続したこともあり、それなりの蓄えがあったため、叔父ら3人に対して各1,140万円を初回に支払い、残額各360万円を12回の分割払いとし、分割金は本件物件の毎月の賃料100万円から充てる形をとることで、和解が成立しました。

## 収受済み賃料の持分相当額の返還請求

なお、父親の代から収受済み賃料の持分相当額の返還に関しては、建物保存のための経費を控除することで合意したため、総額で数百万円を支払うことで解決をみました。

今回のケースでは、不動産管理にかかる経費の資料が保存されていたため、正確な主張を出すことができましたが、証拠資料が散逸していることも多いでしょうし、共有不動産を管理していない側の立場からは正確な不動産管理状況を確認することは困難であり、共有不動産の収益状況が争いとなり、分割交渉が長期化することがあります。

体験談 2

# ある共有物分割請求訴訟のてん末

弁護士9年目　女性

## 競落した不動産の共有持分売却

　顧問先のA社より、数年前にとある土地建物（以下「本件不動産」といいます）の持分3分の2を競落により取得したため、本件不動産に居住している持分3分の1の所有者Bさんに対して持分を買い取ってもらうことができないかとの相談を受けました。話を聞いてみると、長年本件不動産に居住しているBさんに買い取ってもらうことがベストな方法だと思えますが、Bさんは一括で買取代金を支払うことは難しく、Bさんの長男が援助する可能性があるという状況にとどまっていました。すでに、相談前に顧問先の担当者が買取代金を貸金扱いとし、A社が本件不動産に抵当権を設定する方法により共有関係を解消しようとしていましたが、Bさんは、A社が過去分の賃料相当損害金を支払うよう求めたことに反発し、「賃貸借契約を締結していないのに賃料を払えとは何事だ！」との返答がきているようでした。そのため、私は、Bさんに対し、他人と共有している不動産を全部使っていることの使用料であることを説明し、①必要に応じて売買代金を調整することによって、A社とBさんとの売買契約を締結する方法と、②Bさんが①で納得しない場合は、Bさんとの間で金銭消費貸借及び抵当権設定契約を結び、A社の有する持分をBさんの長男ほかBさんの指定する者に移転する方法の両者を試してみることにしました。

　当初、Bさんからは返答がきませんでしたが、粘り強く時間をかけて交渉してみたところ、売買に関する諸条件を説明し、上手くいけば売買契約締結を行う日取りを設定することができました。しかし、結局、B

さんがその日に現れることはなかったため、Bさんの長男が援助する可能性に賭け、仕方なく本件不動産をBさんの単独所有とする共有物の分割と、本件不動産使用料相当額の不当利得返還を求めて訴訟提起することにしました。

## Bさんが来なくなったと思ったら……

　Bさんは代理人を立てなかったため本人訴訟のまま期日を重ねていたところ、A社が譲歩した金額を提示する回の和解期日にBさんが現れませんでした。「本人訴訟だし珍しいことではない」と思っていましたが、次の期日直前に裁判所から、Bさんが現在入院中であり、訴訟能力にも疑義があると伝えられました。

　裁判所との打合せの結果、Bさんの回復見込みはないとの結論でしたので、特別代理人選任の申立てを行うことになりました。このままでは持分をBさんに売り渡すことは不可能だと考えていた矢先、なんと今度はBさんが亡くなってしまいました。Bさんの相続人は長男と長女のみであったところ、上記のとおり長男にはある程度資力がありそうだということは聴取していたので一縷の望みを抱きましたが、結局、2人とも相続放棄をしました。A社としては相続財産管理人の選任及び受継の申立てをするか、訴状却下による訴訟終了を選ぶしかなくなってしまったのですが、特別代理人を選任した矢先に今度は相続財産管理人の費用がかかり、かつ、相続財産管理人を選任すると本件不動産の評価額に従って持分を買い取るという分割方法しか存在しないため、A社は訴状却下による訴訟終了を選択しました。

　さて、私は訴状却下による訴訟終了のケースなど扱ったことがなかったため、このまま何もしなくても裁判長が訴状却下命令を出してくれるのかなと淡い期待を抱いていたのですが、やはりそう甘くはなく、相続放棄申述受理証明の提出を求められました。そして、受理証明をとるにはまず相続放棄の有無照会から始める必要があり、また、有無照会の申

請には除籍謄本、相続関係図、利害関係証明等を添付しなければならず、私は相続事件を担当しているかのような気分になったのをよく覚えています。

## 相続放棄されなかったとしたら

このように、実際のケースは特殊なてん末をたどりましたが、本件で仮にBさんが訴訟当事者であり続け、買取資力がないとの主張を維持したときはどうなることが予想されたでしょうか。判例は、諸般の事情を考慮し、「当該共有物を共有者のうちの特定の者に取得させるのが相当であると認められ、かつ、その価格が適正に評価され、当該共有物を取得する者に支払能力があって、他の共有者にはその持分の価格を取得させることとしても共有者間の実質的公平を害しないと認められる特段の事情が存するとき」（最一小判平成8年10月31日民集50巻9号2563頁〔28011421〕）に、全面的価格賠償の方法による分割を認めています。したがって、Bさんに支払能力があることを立証しなければ、支払能力要件を満たさなくなってしまい、全面的価格賠償の方法による分割は認められません。そのため、私は、Bさんから買取資力がないという主張をし始めたときから、逆にA社が取得を希望し、A社が本件不動産の全部を取得する全面的価格賠償の方法による分割を目指そうと思っていました。そうすることにより、BさんのA社に対する価格賠償請求権と、A社のBさんに対する不当利得返還請求権を対当額で相殺することを狙ったのです。

しかし、上記のとおり実際にはBさんが亡くなってしまったので、A社が共有物の全部を取得することはできませんでしたが、相殺により実際に価格賠償請求権者が手にする金額が減る可能性があったとしても、そのことのみでは「共有者間の実質的公平を害しないと認められる特段の事情」（前掲最一小判平成8年）がないとは判示されなかったと思います。

## ワンポイントアドバイス

◎ 価格賠償の方法による分割がなされる場合に、大きな争点となる不動産評価に関しては、不動産鑑定士と協働して主張を出すことも多いと思いますが、弁護士としても、不動産鑑定士と議論したり、少なくとも説明を理解できる程度には勉強をしておく必要があるでしょう。

◎ 価格賠償による分割の際には、買取側に賠償資力があることが前提となります。やっと金額の折り合いがついたという段になって、買取資力がありませんでした、となれば、それまでの苦労が水の泡ですので、注意が必要です。

◎ いわゆる遺産流れや財産分与流れで裁判による共有物分割を行うことは意外とあるので、時間のあるときに共有物分割に関する判例について勉強しておくとよいでしょう。

◎ 共有物分割訴訟は形式的形成訴訟なので処分権主義及び弁論主義の適用はありませんが、積極的に希望する分割方法等の主張・立証はしていった方がよいでしょう。

## □ 現地調査

　以前、私のもとに、不動産会社から、5階建てのマンション（1階が店舗）が傾いていることが発覚したため建替えをしたいのだが、1階のテナントがどうしても明け渡してくれない、との相談がありました。しばらく訴外での交渉を経た後、通常訴訟において訴え提起を行いましたが、相手側が建物は傾いていないと強く主張したため、争点は本件建物が傾いているか否かとなりました。建物が傾いているか否かは、専門的な知識を要し、裁判所も判断できないとし、また相手側から鑑定費用を支出したくないとの意向も示されたため、調停に付されました。付調停では、調停官と調停委員2名の合議体で審理がなされますが、冒頭から話合いでの解決をするよう強く説得されました。しかも、その内容はこちらにとって合意し難いもの。本件建物は、床にゴルフボールを置くとゴロゴロと転がるほど傾き、ドアが建物の傾きで自然に開いてしまう状態だったので、しっかりと現場を見て判断をしてくださいと伝えました。現地調査に行くと、調停官らにも建替えの必要性が伝わったようで、これまでとは打って変わって、建替えもやむなしとし、当方の主張を相手側に強く説得してもらえ、和解を成立させることができました。現場百遍という言葉がありますが、現場から受ける説得力は大きいようです。私も、建物が傾いていることを示すために、傾きの調査結果を証拠として提出するとともに、ゴルフボールが床を転がる様子やドアが自然に開いてしまう様子を動画で撮影したものを証拠として提出しましたが、いくら丁寧に書面で説明しようとも、現場の状況を撮影した動画を証拠として提出しようとも、現場から得られる情報量の方がはるかに多いことをあらためて教えられた事件でした。

**Method**
# 06 | 特殊な不動産

## ▶ 農地赤道のトリセツ

── 「農地を取得できるのは農業従事者等に限られる」「赤地（国有地）の取得には隣地所有者の同意が必要」等、不動産の中には、当事者間の契約だけでは取得できないものがある。そのような特殊な不動産については専門用語、特別な手続き及び実務の運用等の専門知識が必要になることも多い。特殊な不動産が契約の目的物や紛争の対象となるときは、法律相談・受任時からアンテナを張るようにし、誤ったアドバイスや事件対応を行わないように注意しよう。

### 体験談1

## 高額な離作料の請求

弁護士3年目　男性

### 買主は決まっているのに……

　ある日、父親から相続した農地を売却することを考えており、買主候補とは売却代金も決まっているが、父親の代から当該農地を耕作してい

053

る小作人から更地価格の4割にあたる高額な「ハンコ代」を請求されているという方が相談のため来所しました。ご存知の方もいらっしゃるように、農地を農地以外のものにして（農地を転用して）売却する場合には、原則として都道府県知事または指定市町村の長の許可が必要ですし、その農地が農業振興地域内にあるときは転用許可の前に農業振興地域からの除外申請（農振除外申請）を行わなければなりません。相続等を契機として農地の売却を検討している方が相談に来たときは、念のためこれらの説明をすることが多いのですが、今回の相談者はすでに売買を仲介する不動産業者から聞いていたようでした。

　相談を進めるうちに、今回の小作人との賃貸借契約は、農地法3条の許可を受けておらず、農業台帳にも記載のない、いわゆる「ヤミ小作」であることがわかりました。しかし、ヤミ小作であっても賃借権の時効取得が可能という最高裁判例（最三小判平成16年7月13日判時1871号76頁〔28091987〕）がありますから、ヤミ小作であることの一事をもって、小作人からの離作料請求を拒否する強気の態度に出ることはできません。しかも、農地賃貸借の解約は農地法18条によって制限されており、相談者が相続税支払い等のために売却する必要性があるというだけでは解約のための許可がおりないとされています。

　そこで、私は、相談者に対し、まずは農業委員会に和解の仲介を申し立て、離作料の額について仲介を求めるようアドバイスを行いました。


## 主張を駆使して賃貸借契約を終了させよう

　2週間後、相談者から連絡があり、和解の仲介を申し立てたところ、農業委員会は農業台帳に記載のないヤミ小作であることを理由として、仲介を行ってくれなかったと言われてしまいました。あまり想定していなかったことでしたが、そうなれば次の手を打たなければなりません。検討した結果、私は、土地明渡請求訴訟を提起することがよいのではないかと考えました。その理由は、①訴訟提起した場合、少ないながらも

不出頭や取得時効を援用しない可能性がある、②時効が援用されても、賃貸借ではなく使用貸借であり、農地法 18 条の適用がない旨反論が可能である、③最悪、賃貸借の時効取得が認められてしまったときは、ヤミ小作扱いとはならなくなるので、今度こそ和解の仲介や農事調停の申立てを受け付けてもらえると考えたからです。

## 幸いにも長引かずに解決

　本件で賃貸借の時効取得が認められてしまったときはかなり長引いてしまい、相談者には金銭的にも時間的にもかなりのコストがかかってしまうな……（ついでに弁護士費用もどう設定しようかな……）と考えていました。もっとも、小作人が耕作していた面積は農地全体の一部にすぎず、年によっては家庭菜園程度にしか作物が植わっていないときもありましたので、書面ではこの点を強調していきました。小作人としても、小作により生計を立てているわけではなく、離作料がほしいだけであるようでしたので、金額面で折り合いがつけば和解で終了する事件です。数回の期日を重ね、結局、更地価格の２割程度の金額で和解が成立しました。こうして、幸いにも、再度、和解の仲介等を申し立てたり、行政訴訟等を提起したりすることによって紛争が長期化することを避けられましたので、相談者もホッとしていた様子でした。

　農地の売買というと、不動産会社が転用許可や契約書作成・締結等についてメインで動いてくれるため、あまり弁護士業務と関係がないと思われるかもしれません。もっとも、相続人の代理人や破産管財人等の財産管理人になった際、財産に農地が含まれていたときは知識がないと農地の処分等ができないこともありますし、まれに本件のように売買自体ではなくその他の場面で問題になるケースもあるでしょうから、農地法に関する基本的な知識は得ていても損はないかもしれません。

# 「赤道」を取得したい！

弁護士5年目　男性

## 「赤道」とは

　読者の皆様は「赤道」「赤地」という言葉をご存知でしょうか。「せきどう」ではなく「あかみち」「あかち」と読むこの単語を、私は弁護士1年目のときにボス弁から聞き、「あかち」何それ？　赤い線がひかれている道のこと？　といった具合に、全くその単語の意味を知りませんでした。

　ボス弁との面談中、冷や汗をかきつつ、面談後に、慌ててインターネットで「赤地」を検索したことを今でも鮮明に覚えています。「赤地」とは、「登記所に備え付けられている公図において、赤く塗られている部分のことで、国有地である道路を示すものである」とのことでした。

　調べてみると、私道と私道の間に、国道が通っていることはままあるようで、私道と国道との境界杭がないこともあるようでした。

　自宅を増改築しようとしたときに初めて、自宅の敷地を国有地が通っているのではないかとの疑義が生じたり、自宅の増築のために一部の国有地を取得したいというニーズが生じる場合がありますが、赤道の取得のためには、隣地土地所有者の同意が必要となります。ボス弁によると、この隣地所有者の同意を取り付けるのがなかなか厄介で、交渉がなかなか進まないことが結構あるとのことでした。

　隣地所有者の同意の取り付けの交渉に弁護士が付くこともあるようで、私が担当した事件でも双方に弁護士が付いていました。

## 「赤道」の所有者は誰？

　赤道の取得のため、同意を取り付ける方も、同意を行う方も、まずは赤道が、お互いの土地のどこを通っているのかを把握する必要がありますが、素人がこれを独力で調べることは難しく、土地家屋調査士に調査を依頼することになります。

　土地家屋調査士は公図やさまざまな資料を調べ、現地を調査することにより、赤道の位置関係を計測し、公図のような図を作成してくれます。費用は、土地家屋調査士や、調査の難易度によっても異なってきますが30万円以上かかることもあるようで、依頼者にはあらかじめ土地家屋調査士の調査にも相応の費用が必要であることを説明しておいた方が適切でしょう。

　私は赤道を取得して建物を増改築したいという依頼を受けて、交渉を始めました。まずは、赤道の取得の申請先を確認します。調べてみると、平成12年4月から施行された「地方分権の推進を図るための関係法律の整備等に関する法律」により、赤道とも称される法定外公共財産である道路は、里道として現に機能を有し、公共の用に供されているものに関しては市町村に譲与され、当該市町村が所有・管理することになったようでした。

　そこで、問題となっている赤道について、市町村に問い合わせたところ、市町村はどうやら管理をしていないらしく、いまだに財務局が管理しているようでした。赤道でも市町村が管理しているものと財務局が管理しているものに分かれており、問題となっている赤道は現に用途を果たしていないことから財務局管理となっていたようです。


## 難航する交渉

　赤道の取得のための必要書類の取得を進めつつも、近隣土地所有者の代理人と同意を得るための交渉を進めていきましたが、なかなか相手方

は同意をしてくれません。

　問題となっている赤道は、崖の部分を通っており、崖の上の隣接土地所有者は、私の依頼者が赤道を取得して敷地を広げると、依頼者の土地に崖が崩れたときに、被害が拡大して、損害賠償請求額が大きくなることを懸念しているようでした。そして、隣接土地所有者は、依頼者が崖の上の部分の隣接土地所有者の土地も同時に引き取るのであれば、赤道の取得につき同意をしてもよいとの条件を我々に提示してきました。

　これに対して、私は、隣接土地所有者が所有する崖の上の土地を国に引き取ってもらうことで解決できないかと考え、赤道の国への売却手続きを調査しましたが、国がそのような土地を無償でも引き取ることはないということがわかり、断念せざるを得ませんでした。

　依頼者は、全く利用価値のない隣接土地所有者の崖の上の部分の土地を引き取ることを嫌がったため、結局交渉は難航し、決裂しました。

## 交渉のてん末は……

　しかし、その後、まさかの展開で事態は動き出します。隣接土地所有者自身も今回の交渉を通して土地家屋調査士による調査を行ったところ、赤道を取得したいとのニーズが生じたようで、その際の私の依頼者の同意との交換条件で、隣接土地所有者も、当方の赤道の取得に同意してもよいとの話を持ち掛けてきました。当方は、もちろん、隣接土地所有者もこの提案を快諾し、無事に赤道を取得できることになり、事件は一件落着となりました。

　土地の境界については、半永久的、継続的に使用することから、隣接土地所有者は隣地の赤道の取得の同意にも慎重になり、なかなか交渉が進まないことが多いかと思いますが、さまざまな取引条件を提示して、事態を動かすことが１つの解決策になり得るのではないかと思います。

## ワンポイントアドバイス

◎　農地などの特殊な不動産が絡む場合は、手続きに詳しい不動産会社（賃貸ではなく売買をメインに扱っている不動産会社がよい）を知っていると便利です。

◎　地目変更登記を行う場合は、司法書士ではなく土地家屋調査士が申請代理人となることに注意しましょう。

◎　不動産事件は専門用語が使われることがあります。事前になるべく勉強しておいた方がよいでしょう。

◎　調査を依頼できる不動産鑑定士の知り合いはいた方がよいでしょう。不動産鑑定士への依頼費用は 30 万円を超えることもあるので依頼者にはしっかりと事前に説明をすることが望ましいでしょう。

◎　隣接土地所有者の同意を取り付けるなど交渉を要する場合には、相手のほしいもの（ニーズ）、懸念を把握することが大切です。

## □ 民法改正と瑕疵担保責任

　平成29年5月26日、改正民法が参院本会議で可決し、成立しました。改正民法は公布から3年以内に施行されます。

　民法のさまざまな規定が改正された中でも、瑕疵担保責任の規定が契約責任説の立場から改正されたことは重要です。契約責任説の帰結として、売主の瑕疵担保責任が、無過失責任から過失責任へ変更されたのです。

　改正前の瑕疵担保責任の規定（改正前民法566条、570条）は、「隠れた瑕疵さえあれば、売主は損害賠償責任を負う」というものでした。ですから、裁判では隠れた瑕疵の有無が主たる争点になり、売主の過失は争点になりませんでした。

　改正民法では、従来の売主の瑕疵担保責任の規定が削除されました。そして、新設の代金減額請求権（改正民法563条）等の規定とともに、債務不履行責任の一般規定が適用されることが明示されました（改正民法564条）。これは、目的物に瑕疵があったとしても、売主の過失がなければ、売主の損害賠償責任は免責されることを意味します。売主に帰責事由がない場合、買主は、代金減額請求権または解除権を行使することになります（『新債権法の要件事実』大江忠、一般社団法人司法協会、2016年42頁など）。

　瑕疵担保責任の改正について、法務省公表の資料には、「損害賠償の免責の可否について、売主の債務のような結果債務については、債務不履行の一般原則によっても、帰責事由の欠如により損害賠償責任につき免責されるのは実際上不可抗力の場合などに限られるとの見方もあり、また、損害賠償責任につき免責事由があるとされる場合でも買主は代金減額請求権（前記4参照）の

行使が可能なので、具体的な帰結は、法定責任説から理解した現行法の実質とほぼ相違はないと言える」（民法（債権関係）部会資料75A　民法（債権関係）の改正に関する要綱案のたたき台（9）17頁、http://www.moj.go.jp/content/000121259.pdf）とあります。この資料のとおり、具体的な帰結は、改正前民法と実質的にはほぼ違いがないとする見解もあります。

　しかし、不可抗力と帰責事由はイコールではありません。また、代金減額請求権で営業損害や慰謝料までカバーできるか疑問です。そして、売主に過失（帰責事由）がなければ買主は債務不履行に基づく損害賠償請求ができないとなれば、改正民法が適用される不動産売買の裁判では、瑕疵の有無に加え、売主の過失の有無が重要な争点になり得ます。そうなれば、これまでになかった争点が増えるため、裁判の長期化を招くことが予想されます。

　改正民法の実務に与える影響は、見解の分かれる部分が多く、判例や議論の蓄積に留意する必要があるでしょう。

Method

# 07 | 不動産取引

## ▶ 珍しい不動産取引には万全の準備を

――「不動産を取得したい」と相談された際にまず思い浮かべるのは、所有者と交渉して売買契約を締結する方法だろう。しかし、時には所有者がみつからない物件の取得や破産手続き下における任意売却が必要な場合など珍しい事件もある。このような事件を扱う機会は少ないが、弁護士としてはいつ相談がきても対応できるよう準備しておく必要がある。

### 体験談1

## 困った、所有者がみつからない！

弁護士6年目　男性

### 先生、買取交渉する相手がいません……

　「先生、不動産開発のために当社が所有する土地の隣地を購入したいのですが、隣地所有者が何十年も全く動きのない休眠会社で、その関係

者が一切みつからないんです。買取交渉をする相手がいません。何とかして土地を購入する方法はありませんか？」

弁護士4年目の冬、親しくしている地方の不動産業者からこのような相談を受けました。

不動産を取得する方法といえば、一般的に思い浮かべるのは売主と買主が売買契約を締結する方法でしょう。しかし、この方法は売主となる土地所有者が当事者として交渉・契約の席につくことが前提となっており、土地所有者がみつからない場合に進めることはできません。

この事案では、登記上の土地所有者である法人が約40年前に解散したものの、その後清算未了のまま清算人等の関係者が他界または行方不明になってしまっており、清算人等関係者の相続人を探して聞き取り調査等をしても手がかりが一切得られない状況でした。


## 困ったときの助っ人、清算人のスポット運用

このように土地所有者である会社が何らかの事情により休眠状態に陥っており、関係者がみつからない場合の方法としては、裁判所に対して「清算人選任申立て」をし、裁判所によって選任された清算人から適正価格で土地を売却してもらう方法があります（会社法478条2項）。

本来、「清算人」は清算会社の清算事務を全て終わらせ清算を結了させる業務を行うのが原則ですが、実務上の必要性の観点から、清算人に対して申立人が目的とする限定的な清算事務のみを行わせ当該事務が終了した時点で清算人選任にかかる登記を抹消するという柔軟な運用（いわゆる「スポット運用」）が行われており、この方法を利用することができるのです。

ただし、この方法も万能ではなく、2つの注意点があります。1つは相談者が清算人選任申立てを許される「利害関係人」といえるか、もう1つは相談者が清算人の費用（予納金）を準備できるかです。

## 申立ての際のコツ

　相談者と協議した結果、この事案も清算人選任申立ての方法で進めることになりましたが、申立書を作成するに際して最初に問題になったのは、相談者が土地所有者たる会社の「利害関係人」といえるかどうかという点でした。会社法478条2項の「利害関係人」にあたるというためには“当該法人が所有する不動産を購入したいから”といった理由（本音）を述べるだけでは当然足りず、当該法人との間で何らかの権利義務を有する法的な根拠を主張する必要があります（実は、相談者は私のところに相談に来る前に別の弁護士のもとで清算人選任申立てを進めていたものの、裁判所から「利害関係人にあたらない」との判断を下されて目的を達成できず、困り果てていたのでした）。

　周辺の土地の状況について調査したところ、この事案では、“相談者が購入を希望する隣地について囲繞地通行権を有しており、土地所有者である会社との間で同通行権の存在確認及び範囲確定の協議をする必要がある”という状況が判明しました。そこで、この主張を申立書に記載したところ、清算人選任申立てが許される利害関係人として認めてもらうことができました。当然、弁護士たるもの嘘を主張してはいけませんが、相談者が清算人選任を希望しているという状況がある以上、頭を捻れば何かしら当該会社との間に法的利害関係がみつかるものです。そのような工夫をするのが弁護士の仕事の醍醐味だと思います。

　なお、1度清算人が選任されてしまえば、申立書に記載した利害関係の根拠には拘束されず清算人との間で自由に協議できますので、囲繞地通行権等の議論に限らず清算人と土地売買の協議をして売買契約を締結することも可能です。私が申立てをしたときは、念のため申立書に“清算人が選任された場合には土地の売買契約交渉をすることを希望する”と記載しておきましたので、裁判所・清算人ともに最初からこちらの事情を理解してくれており、スムーズに売買交渉を進めることができました。

## 助っ人への報酬に要注意

　次に申立てに際して問題になったのは、清算人として選任される第三者（基本的に弁護士が選任されます）に対する清算業務の報酬分として事前予納を求められる金額を支出できるかという点です。

　東京地方裁判所では、民事第8部が清算人を清算人候補者リストから選任する運用になっており、申立人が清算人を推薦することはできません。そして、清算人に対する報酬額も裁判所が決定するのですが、この清算人の報酬として予定される金額を申立人が申立て時に裁判所に予納金として納める必要があるのです（なお、私が対応したときは、清算人の報酬は一般的に清算業務にかかる予測期間1か月当たり50万円程度で計算しているとのことでした）。申立人が清算人選任後に土地購入代金として清算人に支払う金額のうち上記予納金分までの部分は申立人に返還されるのですが、土地の金額が少額の場合には予納金と土地売買代金の差額が申立人の持ち出しになってしまうため、大きな問題になり得ます。

　この事案では、業務予測期間が2か月とされ、予納金は100万円と決定されました。相談者に対してこの予納金が必要であること、このうち売買代金との差額分が申立人の持ち出しになってしまうこと等について説明した結果、この金額を負担することになるとしても申立手続きを進めたいという判断に至りました。この予納金の金額は相談者の申立是非の判断に大きな影響を与えますので、申立て前に裁判所書記官と綿密なすり合せをしたうえ、相談者に対しても十分に説明して判断してもらう必要があるでしょう。

　なお、別の機会に同様の申立てをした際にわかったことですが、東京以外の地方裁判所の支部では、現在でも申立人が清算人候補者を推薦して申立てをすることができ、裁判所が同候補者を清算人として選任してくれるという運用がなされているところがあります。この場合は、あらかじめ推薦する清算人と協議をしておくことで報酬額についても柔軟な対応が可能になりますので、最善の方法を検討する必要があります。

この相談によって申立ての際の頭の捻り方次第で清算人選任が認められるか否か結果が変わるという貴重な経験ができ、弁護士として仕事をするうえでの糧になっています。

---

体験談2

# 不動産を売却するのは大変

弁護士5年目　男性

## 退去は早く済んだけれど……

　破産管財人として、破産者の自宅の任意売却手続きをした事案です。会社が破産し、連帯保証債務等を負っていた代表者も破産することとなり、抵当権が設定された自宅は、抵当権者の了解を得て任意売却することとなりました。

　売却のスケジュールを立てる前提として、まずは、いつまでに引越しができるのかを確認します。このような事案では、ご本人は、直前まで会社の整理手続きに追われていて、自分の生活のことを考える時間はなく、ご家族は会社の事情で自分たちが住む家まで手放すことを受け入れられず、転居先を探すという動きができていないことが多いです。また、そもそも、自宅を売らざるを得ない状況なのですから、経済的な面での制約もあります。したがって、ある程度の時間がかかる覚悟は必要であるものの、転居先がみつかるまで無期限に待つこともできないので、事情はお聞きしたうえで、期限はきちんと定めておくことが大事です。

　この件も、まずは、いつものように、「どれくらいでお引越しができますか」と確認したところ、ご本人と奥様の双方が「もう家は諦めたので、今月末には引越す予定です」とおっしゃったので、少々拍子抜けし

066

つつも、手続きに早期に着手できるので安堵しました。

　退去される前にと、不動産仲介業者と一緒に自宅に伺い、中を見せてもらいました。夫婦2人暮らしでしたが、すでに家を出られたお子さんが小さい頃から使っていた家具等も残っていて、家財道具はかなりありました。引越し先はアパートで、全部持ってはいけないとおっしゃっていたので、「少し残るのは仕方ないですが、できる限り処分しておいてください」とお願いしました。

　引越しが完了した頃に、仲介業者の担当者に中を見に行っていただいたところ、「先生、引越しは終わったんでしょうか」と電話がかかってきました。荷物がかなりあるとのことで、写真を撮って送っていただいたところ、確かに、家財道具がほとんど残っていて、以前見せていただいたときとほとんど変わらない印象です。それまでに扱ったケースですと、不本意に明け渡すことになった自宅でも、きれいに片づけて掃除して退去される方が多かったので、少し驚きましたが、とりあえず、大きな荷物は押入れに入れるなどして、買い受け希望者が来たときに見苦しくない程度にきれいにしていただきました。


## 抵当権者の手順に合わせながら

　引越しが完了する前から仲介業者には情報を公開してもらって買い受け希望者を募っていたのですが、一番抵当権者が、売却価格について強気な額を主張したため、想定より高い価格での売り出し開始となりました。「先生、この額ではかなり難しいですよ」という担当者の言葉どおり、全く申込みが入りません。抵当権者の社内手続き上、一定期間が経たないと値下げができないとのことで、期間の経過を待って値下げして、それでも申込みがなくまた期間の経過を待って値下げして、ということを2回繰り返しました。そして、そのたびに仲介業者からの報告書が必要となるのですが、以前にもこの一番抵当権者が関わった物件を扱ったことがあるとのことで、手順もよくご存知で、スムーズに対応いただく

067

ことができました。

　そうしているうちに、ようやく買主候補が現れました。これも、お願いしていた仲介業者が、対象の不動産の地場の不動産業者に、積極的にアプローチしてくださったおかげでした。


## 最後までひやひや、でも無事に売却完了

　買主が決まり、購入資金について融資が受けられることもほぼ確定したとのことで、抵当権者３社の担当者と司法書士と決済日の調整をしました。買主の融資の審査は終わっていなかったものの、事前の見通しでほぼ大丈夫であろうとのことだったので、後は決済日を待つのみと思っていたところに、買主側の仲介業者の担当者から連絡がありました。買主の所得証明の書類がそろっておらず、至急取り寄せるようお願いしているものの、勤務先の本社が大阪でそこから送ってもらうこととなるので、間に合わないかもしれないと言うのです。融資を受ける予定の金融機関は月に２回しか審査のチャンスがないため、これを逃すと、決済予定日に間に合いません。仲介業者の担当者は決済日を延ばすことが可能なのか探っている様子でしたが、決済日が延びれば、債務の利息の計算や、決済日前後で買主と売主との間で案分負担する固定資産税の額の計算もやり直さなければなりません。さらに、関係者全員に連絡して事情を説明して再度日程調整をしなくてはならず、各社であらためて稟議をとるなどという話になると、決済できるのがいつになるかわからないので、どうしても間に合わせてくださいと強く頼み込みました。こちら側の不動産業者からも強くプッシュしてもらい、買主本人に会社に掛け合って緊急対応してもらい、何とか書類がそろいました。そして、無事に融資の審査もおりて、決済の運びとなりました。

　結局、明渡しはかなり早い時期に完了したものの、売り出し開始から決済完了まで８か月ほどかかりました。そもそも、買主がなかなかつかない物件だったのを、不動産業者がかなり動いてくださったおかげで何

とか決済できましたが、そのお力がなければもっと時間がかかっていたと思います。

---

体験談 3

# 弁護士にも身近な税法問題

弁護士7年目　女性

## 弁護士の責任

　弁護士の責任はどこまであるのでしょうか。

　例えば、売買契約の締結交渉に関する依頼を受けた場合、何に注意しますか。

　違法にならないように。依頼者が損をしないように……

　いろいろ考えながら準備し、案件に向き合いますよね。

　それでは、交渉が上手くいき、安く購入できた場合、買主側の代理人は「大成功！」と喜んでいて大丈夫でしょうか。

## 売買契約でない売買契約！？

　時と場合によりますが、民法上は売買契約による資産の譲渡であっても、税法上は、他の契約とみなされた課税関係が生じることがあります。例えば、個人間で低額・高額譲渡がなされた場合、「みなし贈与」あるいは「みなし相続」として贈与税・相続税が課されたりします。

　この場合、財産分与と錯誤無効に関する有名判例（最一小判平成元年9月14日裁判集民157号555頁〔22003091〕）にあるように、依頼者は

予期せぬ課税（しかも、通常、相続税・贈与税は高額です）に驚くのが
通常です。

　このような場合、弁護士の法的責任が成立することもあるかもしれません。法的責任は成立しないまでも、税法の視点が欠けているがために、アドバイス不足と思えるようなこともあります。


## 詐欺相談ですか？

　例えば、詐欺業者によりだまされ、詐欺業者の構築したスキームに従って、本当は廉価なはずの不動産を高値で売却した事案で、詐欺による被害を回復したいとの相談を受けた場合。

　この場合、相談者は、不動産業者が用意したスキームのどこかで損をしているから、相談にいらっしゃるわけです。

　この事案では、依頼者は、持て余していた別荘地（時価100万円）を、不動産会社の口車に乗せられ、700万円で売るとともに、不動産会社が持っていた山林（時価40万円）を760万円で購入させられたうえ、別荘地の処理費用や時価の調整金として60万円を支払っており、土地の喪失と金銭の喪失の二重苦の損害を被っていました。

　相談内容からして、相手は詐欺業者である可能性が高いと思われましたが、依頼者及びその親族の怒りは相当なもので、どうしても調査等してほしいとのことで受任しました。

　調査の結果、時価と売価があまりにも離れていたり、こちらの方が高い土地を売っているのに、なぜか追加で金銭を払わされていたりといくつも詐欺行為が行われた様子は見受けられますが、相手は弁護士からの連絡にも一切応じません。

　これを報告すると、依頼者は、より怒りを強め、「提訴し、損害賠償金を請求してほしい」と強く希望しました。

　しかし、往々にして詐欺業者からの被害回復は困難なもの。
「判決をもらえても、財産の場所がわからない以上、金銭等の回収は難

しいです」とアドバイスし、泣き寝入りやむなしとなることも多いでしょう。

　もっとも、このような場合、おそらく、相談者は、後日、さらにショックを受けることになります。

## 課税によるショック

　本当は廉価なはずの財産の売買でも、高値で売却した場合、課税庁は、通常、売却価格での売買があったものとして課税します。

　要は、詐欺に遭った被害者は、詐欺に遭ったせいで、先述の損をしたほか、だまされた結果、高額に吊り上った売買価格に基づいた、不当に高額な税を課されるという二重苦の憂き目に遭うのです（かかる課税関係を更正の請求等の方法で是正できるかどうかについても、別の困難な問題が存在します）。

　最初の相談の際、上記課税関係に関するアドバイスができなかったからといって、弁護士の法的責任が問われることはないと思いますが、それで果たして相談者のためになったといえるのか。

　弁護士としては、悩んでおきたいところです。

　そもそも、不動産を取得するということは、比較的大きな価値のある財産の所有権を取得するということであり、さまざまな税が、高額で課される可能性があります。

　「民法上の適法性だけを考えて方針を決定したら、後で莫大な税が課されることに気づき、実行直前に方針を変更したが、その後は、依頼者との信頼関係維持が大変だった」

　そんな言葉を発する弁護士は意外と多いものです。

　売買契約の締結交渉、不動産を使った特殊なスキーム、一般的でない方法での不動産取得方法などを行う場合、税理士等の専門家に相談しながら進めた方が無難でしょう。

071

## ワンポイントアドバイス

◎ 清算人選任申立てが認められる要件を満たすためには、柔軟な発想が大事です。依頼者からよく事案を聴取し自らも不動産の調査をしたうえで、裁判所を説得できる材料を探しましょう。

◎ 清算人選任申立事件は件数が少なく、地方裁判所によって運用がまちまちです。また、依頼者にとって手続き全体のためにどの程度費用がかかるかは重要な問題です。自分の勘に頼ることなく手続きの流れや清算人報酬などの費用について管轄裁判所に事前確認し万全の準備をしたうえで進める必要性があります。

◎ 不動産の任意売却の手続きにおいては、現地に赴いたり、臨機応変に素早く対応したりする必要のあることが次々と出てきます。多数の当事者間でのこまめな連絡や調整事項もあるので、任意売却の手続きの経験が豊富な不動産業者に依頼するのも大事なポイントだと思います。

◎ 租税は担税力（租税を負担する能力）があるところに課されますが、不動産を取得・使用するということは、価値が大きい財産を取得等することであるため、担税力ありとしてさまざまな税が課される可能性があります。税法についても、課税リスクの可能性や税理士へ相談する必要性を感じ取れる程度には、研さんを積んでおくべきでしょう。

## □ 不動産の売買にかかる費用

　普段の事件対応には直接関係ないかもしれませんが、不動産売買にかかる諸費用について知っておいて損はないでしょう。

　まず、不動産業者に売買の仲介を依頼した場合、仲介手数料が必要になります。多くの不動産業者では、400万円以上の不動産の場合、売却額の3％＋6万円（消費税別）が仲介手数料になります。仲介手数料は、売主と買主がそれぞれ支払うことになります。1つの不動産業者が売主と買主の両方から仲介手数料を受け取るケースを「両手」といい、売主と買主にそれぞれ別の不動産業者が付いた場合などのように不動産業者が売主か買主のいずれか一方から仲介手数料を受け取るケースを「片手」といいます。

　不動産売買では登記が必要になりますが、登記にあたっては登録免許税と司法書士報酬が発生します。登録免許税は固定資産税評価額の2％ですが、土地については平成29年9月時点では時限措置で1.5％とされています。登録免許税は通常、買主が負担します。司法書士報酬は、弁護士業界と同様に報酬が自由化されたため、司法書士によってそれぞれです。固定資産税評価額が1,000万円程度の不動産であれば、数万円〜十数万円程度であることが多いようです。司法書士は買主がみつけてきて、その費用は買主が負担することが通常です。

　また、事後的にですが、買主には、不動産取得税として固定資産税評価額の3％〜4％が課されます。売却で利益が出た場合は、譲渡所得税や法人税が課されることも忘れてはなりません。

　あらかじめ分筆が必要な場合は、土地家屋調査士等の費用が必要になります。ケースバイケースですが、30万円程度で済む場合もあれば、100万円を超えることもあるようです。

## Method 08 | 賃貸借契約書

▶ **たかが契約書、されど契約書**

——「賃借人がこんなことを主張しているのですが、これって契約違反ではないですか？」「今回、契約書のこの文言に従って賃借人に出て行ってもらえますか？」。賃貸人も、賃貸借契約書を交わすとき、何年も前から使っている書式や、仲介業者が用意した書式をそのまま使ってしまっていることが往々にしてある。そのような契約書だと、大事な項目が抜けていたり、逆に厳密に記載されすぎていたり、あるいは、内容があいまいだったりして、いざ紛争が起きたというときに使いにくいことがある。そんなときに、どのように契約書を利用すればいいだろうか。

**体験談 1**

## サブリースもやっぱり賃貸借

弁護士3年目　男性

### 家賃は保証されない！？

　友人の紹介でその祖母から依頼いただいた事案です。ご主人（友人の

祖父）と一緒に都内のご自宅にお住まいでしたが、約10年前にご主人が亡くなられたとのことでした。そうすると、家も土地も依頼者が1人で住むには広すぎるとのことで、建設会社の勧めで、家を取り壊し、同社が一括して借り上げるとの約束のもとで、メゾネットタイプのアパートを建てることにしました。そして、賃料は、20年間の固定賃料として同社が提示した額をもとに取り決めたそうです。

　建物が完成し、依頼者は設定された賃料とローン返済部分の差額の収入を得る一方で、賃貸借契約の管理、転借人とのやり取り等は全て賃借人である建設会社に任せることができ、ストレスなく生活していたそうです。ところが、賃貸を開始してから約7年が経った段階で、市況の変化等を理由に、賃料の値下げの要請がありました。依頼者は、20年間は賃料が保証されていると思っていたため値下げに納得はできなかったものの、当初より賃料は副次的な収入にすぎず、ローンや固定資産税等の経費を払っても、手元にある程度のお金は残る金額だったので、引き続き管理してもらうためにはやむを得ないと減額に応じました。

　ところが、それから3年もしないうちに、再び賃料の減額の要請がきたそうです。依頼者は、今度は応じられないと回答したにもかかわらず、賃借人は、一方的に減額した賃料のみを支払ってくるようになりました。依頼者は、1年近くにわたって合意どおりの賃料を支払うよう求め、支払わなければ解除することを伝えていたものの、状況が変わらなかったため、相談にいらっしゃったのでした。


## サブリースだからと構えず原則どおりに

　依頼者が建物を建築する際に、相手方から提示された説明資料には「一括借り上げ」「家賃保証」等の文言が記載されており、依頼者としては、当初の賃料が契約期間の20年間ずっと保証されるものと考えていたそうです。

　しかし、ご承知のとおり、かかるサブリース契約においても借地借家

**075**

法の適用が排除されるわけではないので、賃料減額請求を遮断すること
はできません。そうはいっても、本件では、それまでの経緯に鑑みると、
相手方が減額して支払っている賃料が適正とは考えられなかったので、
差額賃料の支払いを求めて訴訟提起する方法も考えられました。しかし、
依頼者としては相手に対する不信感が強く、新たに管理を請け負ってく
れる会社もみつかっていたことから、相手方とのサブリース契約の解除
を望んでいました。

　そこで、賃料の一部債務不履行があり、そのような状態が1年も続い
ている以上、信頼関係も破壊されているとして、サブリース契約を解除
する旨を通知し、未払いの賃料と建物の明渡しを求めて、建物明渡請求
訴訟を提起しました。


## 現実的な和解

　訴訟の途中で、相手方から建物を転借していた住人は順次退去し、実
質的には明渡しが完了している状況になりました。しかし、相手方は、
サブリース契約の途中解約はできない旨を主張し、賃料相当損害金の支
払いを求めて反訴を提起しました。そして、相手方は、裁判所に適正賃
料の鑑定の申立てをしましたが、裁判所から、鑑定には相当の費用がか
かるところその費用は相手方が全額予納することが必要になる旨を説明
され、鑑定費用を払うのであれば、当方に対して解決金を支払う方法で
和解するのがいいのではないかと勧められました。

　裁判所の勧めもあり、結局、合意していた賃料と相手が実際に支払っ
ていた賃料の差額の半分強を相手方が依頼者に支払う形での和解が成立
しました。依頼者としては、相手方との関係を断ち切り、新たな会社に
管理を委託して、早く新たな転借人に入居してもらうことを望んでい
らっしゃったので、満足いただける結果となりました。

## 借地借家法の適用があるおかげで解除できる

　家賃を保証する旨をうたって、賃貸借契約書に期間及び賃料が定められていても、借地借家法の適用が解除されるものではないので、当然、賃借人から賃料の減額請求を行うことは可能です。逆に言えば、賃貸人も賃借人に債務不履行があれば解約できるのであり、本件はそれを利用して、サブリース契約を上手く解約できた事案です。ただし、サブリース契約の解除に伴い、ローンの借換えが必要となる場合も多いので、実際には、解除が制約されることはあり得るかと思います。

体験談 2

# 契約書のチェックはどこまでするの？

弁護士6年目　女性

　弁護士になると、契約書を見てほしいという仕事を、企業から個人まで数多く依頼されます。
　しかし、契約書に書かれていることをチェックすることは、比較的容易ですが、書かれていないことのチェックも大事であり、より困難でもあります。

## こんなはずじゃなかった！

　料理が大好きなAさんは、脱サラをして念願の創作料理を出す小洒落た居酒屋を静かな住宅街にオープンさせようとして、ある物件をお店として利用するために、地元の不動産業者を通して借りました。
　ところが、什器も一通りそろえた開店直前になんと該当地区が建築基

準法の第1種低層住居専用地域に該当し、居酒屋を開業することができないことが判明したのです。地元の不動産業者が、用途地域を知らないなどというのはおかしいということで、Aさんは私のところに相談に来て、開店にかかった費用等の損害賠償請求を仲介した不動産業者に対して行いたいと訴えました。

　今回は、賃貸借契約書の締結後に問題が発覚し、依頼者が弁護士に相談したケースですが、Aさんが賃貸借契約を締結する前に契約書をチェックしてほしいと依頼された場合に、用途地域のことまで気がつかない弁護士は少なくないと考えられます。

　では、このような場合に対処するにはどうしたらいいのでしょうか。用途制限や業法に関しては、監督官庁や区役所等に行って開業の相談等をして、土地の制限や許認可について確認することを勧めるというのも1つの方法です。


## 契約書にない迷惑行為への対処

　「賃借人Cさんが犬を飼っているんですけど、その犬がうるさいという苦情が近所からあるのですが、どうしたらいいのでしょうか」あるとき賃貸人Bさんから相談がありました。Bさんは所有する物件をCさんに貸しているのですが、賃貸借契約書にはペット飼育可と書いてあるため、犬を飼っている事実のみでは契約を解除することができません。しかし、BさんがCさんに近所から苦情が出ていることを説明し、犬の鳴き声を抑えるように注意をしても、Cさんは「うるさくない」と言うのみで話は平行線となってしまうとのことでした。

　このケースは、幸いなことにCさんのご家族からCさんに注意していただくことで、解決しました。

　しかし、ペットを飼うことができるということは、その分周囲の人たちが社会通念上の受忍義務を負うことを意味します。契約書上で、「ペット可」と書くだけではなく、ペットを飼うことができるとしても

飼っているペットについて例えば犬ならばしつけをきちんとすることや、一定の大きさ以上の音量で鳴く場合には賃借人に対策を義務付けるなどの条項を盛り込むことで、初めて実際にトラブルが起きたときに賃借人に配慮を求めることができるようになります。したがって、一般の契約とは異なる約定を入れる場合には、具体的に生じ得る不利益を想定して、注意事項や義務事項を策定することが望ましいといえます。

## ワンポイントアドバイス

◎　家賃○○年保証というサブリース契約も通常の賃貸借契約であり、一見特殊な文言等が使われていても、基本的には通常の賃貸借契約と同じようにチェックすれば足ります。

◎　そのうえで、特約として、解約した場合にはローンの借換えを要する旨の文言等、実質的な制約となる条項が付されていないか確認しましょう。

◎　契約書上に書かれている文言をチェックすることは簡単ですが、書かれていないけれど生じそうな事象について想像を働かせて、それを契約書に盛り込めるかどうかが弁護士の腕の見せ所かもしれません。

## Method 09 | 賃貸借と使用貸借の区別

## ▶ なめるな使用貸借

――司法試験受験時代に誰でも勉強する賃貸借と使用貸借の区別。

いわゆる典型論点だが、実務では区別が難しいうえ、賃貸借と思っていたら使用貸借と認定されるようなこともしばしば。

事件の結論すら大きく左右することが多いこの問題に、どのように対応すればいいのだろうか。

### 体験談 1

# 親族間賃貸借にご用心

弁護士 8 年目　女性

### よくある事案？

弁護士になり 3 年目の夏、とある経営者から相談を受けました。

古く 100 年以上続いた家業が、昭和の初めに法人化しました。相談者は、その家長一家の跡取りで、現在は、同社の代表取締役です。

相談内容は、親族（叔母）に対する、賃貸借契約解除に基づく建物収

080

去土地明渡請求でした。

　ここまでだと、普通の話かと思うかもしれませんが、「親族間の賃貸借」というところに注意が向かないと実は危険です。

　そんなことには考えが及ばないまま相談を受けていた私は、相談者の熱量に任せ、まずは話を聞くことに徹しました（ここも、実は危ないですよね）。

　どうやら、10年以上も賃料が未払いになっているため、賃料未払いを理由に契約を解除し、土地を返してほしいというのが相談の骨子のようです。

　「単純な賃料未払いの事案かな」そんな考えが頭をもたげながらも、10分ほど一通り話を聞いた後、証拠資料を見せていただくようお願いしました。

　賃貸借契約書、通帳や領収書、賃料の支払いを求めた手紙などが出てくるだろう。私のそんな浅はかな考えは、次の瞬間に打ち砕かれました。

　出てきたのは、会社の決算書と総勘定元帳。

　昭和前半の古い時期のものばかりで見づらいことや相談内容から勝手に想定していた証拠との乖離具合に、ほんの一瞬固まりました。

　そこに相談者から追撃。

　「先生、契約書もないし、通帳にも、過去に賃料を受け取っていた形跡がないんです。ただ、会社の帳簿には、相手に対する賃料が計上され続けています。しかも、過去の総勘定元帳上は、相手から支払いを受けたかのように未収賃料が消されているんです。これなら、裁判所も、会社と叔母との間の契約が賃貸借契約だと認めてくれますよね？」

　証拠と相談者の発言に若干困惑しつつも、相談者の話をさらに聞くと、相談者は、「過去の家長は大変な資産持ちであり、家族にも財産を渡したい等の意思があったため、節税等のため、家族名義で土地を購入するなどし、これを会社に貸していた。会社名義の土地を家族に貸していたこともあった。もっとも、これらの貸し借りは、当時の家長が1人で行っていたのが実態であり、その詳細はわからない。実際、私（相談者）名義の土地も会社に賃貸され、私も会社から土地を賃借していた旨

の記載が、家長が持っていた他の会社の帳簿に載っていたが、私自身、その会社とお金のやり取りをしたことはない」と言うのです。

とはいえ、明渡しを求める叔母との仲は、相当に悪そうです。また、叔母は、本件の土地の上に自分名義の建物を建て、かつては自宅として住んでいたようですが、現在は、他所に本拠を構えているとのことでした。


## 踏み切れない私

土地使用の必要性は低そうだ。それなら、信頼関係破壊さえ主張・立証できれば何とかなるか。

とはいえ、契約書もない。賃料のやり取りがなされていることを示す領収書も通帳もない。いくら帳簿に記載があるとはいえ、これで裁判所が賃貸借契約の成立、賃料未払いを認定してくれるのか。

契約書がないのは、親族間ならよく起こること。領収書等だって、さすがに30年以上も経っていたらなくなっていてもおかしくない。親族間ならなおさらだ。そもそも、実際に賃料の支払いをしていないのに、賃貸借契約であることを前提とした帳簿を作るなどという経営者はいないはずだ。代々続いた家業の家長ならなおさらだ……などなど、賃貸借契約であることを前提とした場合に起きるであろう立証上の問題点に対するフォローをさんざん考えましたが、どうしても、踏み切る勇気はもてず……。

結局、私は、依頼者の金銭的請求も認めてほしいという強い要望（と、賃貸借契約成立への私の期待）に基づき、主位的主張として、賃貸借契約であることを前提とした、賃料未払いによる信頼関係破壊を原因とする賃貸借契約解除を主張しつつ、予備的主張として、使用貸借契約であることを前提とし、使用目的が終了していることなどを内容とする使用貸借契約解除を主張することとしました。

## 親族間なら何でもあり？

　結果、賃貸借契約であるとの主張は、裁判官にもあまり相手にされず、親族間紛争にありがちな感情的な争いも展開されながら、結構な回数の期日を経た後、尋問前の和解勧告がなされました。

　裁判官曰く、「親族間なら契約書が作成されないことも不思議ではない。賃料のやり取りがなされず帳簿操作がなされることもままあるし、親族間ならなおさらだ。そうだとすると、本件では、親族間で、契約書も作らず、賃料を収受しないで土地を利用させる合意がなされていたとみるのが自然である。このことからすると、尋問でいかなる事情が出てくるかにもよるが、本件では、滅多なことがない限り、原告・被告間の契約は、使用貸借契約と認定できることがほとんどだろう」とのことで、使用貸借契約前提で明渡しのみを認めてもらう（賃料未払いを内容とする金銭的請求は不可）内容で和解が成立しました。

　賃料の収受に関する証拠がない状況で、賃貸借契約成立を認めてもらうのは親族間では特に難しいことを認識し、次回以降は、より慎重な見立てを立てようとあらためて思った経験でした。

---

### 体験談2

# 意外と強いよ使用貸借

弁護士6年目　男性

## 借地の返還請求

　地主Ｘさんの相談は、父の代から親戚Ｙさんに貸している土地があり、Ｙさんが当該土地上に建物を建てて居住しているが、その返還を求

めたいというものでした。Xさんは、父親からYさんに対しては土地を好意で使用させているものだと聞いていたとして、自身が父親の財産を相続したことを機に、当該土地を売却するために建物を取り壊して更地にしたうえで返還を求めたいと言います。

XY間の契約は、それぞれの父親の代に始まったもので契約書の取り交わしもなく、条件の詳細は一切不明でしたが、Yさんからは、毎年暮れに5万円程度が地代名目で交付されていました。

## 使用貸借でしょ！

地代年額5万円という金額は、近隣の地代相場の1割程度であり固定資産税にも満たないことから、これをもって、地代ないし賃料とみて、Yさんに借地権が設定されていると判断される可能性は低いと考えられました。つまり、XY間の契約は使用貸借契約にとどまるものでした。

使用貸借契約は、無償片務契約であり、当然のことながら賃貸借契約よりも借主の地位が弱い点が特徴であるとされます。私は、本件のように契約条件が不明である以上、「当事者が返還の時期並びに使用及び収益の目的を定めなかったとき」にあたり、貸主は、いつでも返還を請求できる（民法597条3項）と考え、Xさんにもその旨説明して、事件を受任しました。

## 早めに提訴、そして和解協議へ

Yさんに対しては、強気で交渉を行い土地の即時返還を求めましたが、Yさんは急にそんなことを言われても困るの一点張りで話が進まなかったため、訴訟提起に及びました。

裁判官からも地代名目5万円の交付が地代あるいは賃料とは認め難いとの心証が示されました。ここまでは、私の思惑どおりの展開だったの

ですが、裁判官からは、Ｙさんから使用貸借の抗弁が出ていることから和解勧試をしたいとの話が出ました。

## 思わぬ苦戦

　裁判所との協議の中で、はっと考えが及びました。

　いかに借主の地位が弱いといっても、使用貸借契約も「契約」です。契約で返済期の定めがあれば、貸主はその期間が経過するまでは目的物の返還を求めることはできないのであって、使用貸借契約も占有権原として立派な抗弁となるのです。無償契約であるからといって、甘くみてはいけないのです。

　確かに本件契約の詳細は不明です。しかし、Ｙさんが父親の代から当該土地上に建物を所有して居住していました。しかも、Ｙさんの代になった後、当時から約10年前に、建物が再築されていました。そのような事情からみると、本件使用貸借契約の目的は、Ｙさんが建物を建ててそこに居住する点にあることは明らかであるといえます。

　使用貸借契約は、返還時期の定めがないときは、契約の目的に従った使用・収益が終わった時まで存続しますので（民法597条2項本文）、Ｙさんの建物が朽廃して居住に耐えなくなるまで、Ｙさんは土地を使用することができることになります。

## 和解成立

　その後、裁判所の調整もあって、Ｘさんが当該土地の時価額の50％相当額を解決金として支払う一方で、Ｙさんが建物を取り壊して土地を明け渡すという和解が成立しました。

　Ｘさんは、Ｙさんが親戚であることもあって、解決金の支払いを渋るようなことはありませんでしたが、当初の見通しが誤っていたため、Ｘ

さんに予想外の負担が生じてしまい、勉強不足だったと反省しました。

## ワンポイントアドバイス

◎　親族間では、その親密さなどから、通常作成されるべき契約書がないなど、いざ契約関係を明らかにしようとすると困難になることが多い反面、裁判所も柔軟な解釈・認定をすることがあります。親族間の事件の見通しについては慎重に判断するべきでしょう。

◎　不動産賃貸借契約の借主が強く保護されていることに比べて、使用貸借契約の借主の権利はどうしても軽視してしまいがちですが、要件事実論からすれば、使用借権も占有権原として抗弁事由となることは明らかですから、地主として返還請求をする際は、その終了原因事実を主張・立証する必要があります。依頼者に勝敗の見込みをアドバイスする際にも要件事実的思考は重要です。

## Method 10 | 賃貸借の賃料

### ▸ とる？ とらない？ 鑑定評価

——賃貸借契約における賃貸人の最も大きな関心ごとは、「適正な」賃料を「確実に」回収することであろう。その裏返しで、賃貸借契約争いになるのも、「適正な」賃料がいくらなのか、「確実に」賃料を回収するにはどうしたらいいのかという点である。「適正な」賃料であるとして合意した金額が、「不適正」になったとして増減額を求められた場合に、どのように対応することになるのであろうか。

### 体験談 1

# 不動産鑑定評価書を作ってもらって終わりではない

弁護士 4 年目　女性

### 不動産鑑定評価書の額＝主張額ではない

「1 度にこんなに賃料を上げることが認められるものなのですか」ある日、事務所の所長が懇意にしている税理士からの紹介で相談にいらっ

しゃったある企業の社長がおっしゃいました。長年にわたってビル1棟を借りて、経営している会社の事務所及び店舗に使用していたところ、ある日突然、オーナーから賃料増額請求の通知を内容証明郵便で受け取ったとのことでした。相談者としても、近隣相場より賃料が安いとの感覚はあるものの、数年前に契約を更新した際に賃料の値上げに応じたばかりなのに、すぐに、こんなに上がるのは納得がいかないと相談にいらっしゃったとのことでした。

　オーナーの請求額と、依頼者が仮に譲歩したとして応じることが可能と考えている額との間にかなり開きがあったので、話合いでの解決は難しく、調停、訴訟に至ることが想定されたため、こちらも早いうちに不動産鑑定士に適正賃料の査定を依頼することとしました。鑑定の結果は、現状の賃料よりは若干高い金額でしたが、その結果は結果として、直前に値上げがなされていることを考慮して、賃料は据え置かれるべきであると主張することとなりました。

　そこで、値上げには応じられないと書面で回答したところ、オーナー側はすぐに賃料増額請求の調停を申し立てました。依頼者も、今後のオーナーとの付き合いも考えて、少々の値上げであれば応じることも検討すると話していたのですが、相手方は、請求額から一切妥協しないとの姿勢でした。さらに調停委員のうちの1人が不動産鑑定士だったのですが、この方が、相手方の主張に沿って相当程度の値上げに応じることもやむを得ないのではないかという方向で調停を進めていたため、こちらが現状賃料より高い額を示す鑑定書を出せば、その金額が交渉のスタートになることが危惧されました。双方の主張がかけ離れており、当方が思うような形での調停での解決は見込めなかったことから、事前に取得した鑑定書は提出しないこととし、そのまま調停は不調となりました。

## その不動産鑑定評価書で戦える?

　訴訟に至り、こちらも鑑定書を提出したうえで、契約の流れに鑑みて賃料は据え置かれるべきであるとの主張をしました。依頼した不動産鑑定士は、打合せにもほとんど参加してくださり、相手方の鑑定書への反論、裁判所鑑定の矛盾点等について丁寧に説明して、意見書等も作成してくださいました。そのおかげで、相手方の鑑定書に対する反論や、裁判所が選任した鑑定人に対する補充鑑定の請求など、かなり充実した立証活動ができたと思います。

　他方で、当然ながら、相手方からもこちらの鑑定書の内容について反論がなされますので、不動産鑑定士に説明いただいた内容をもとに再反論をしました。その際、打合せでしていただく説明は十分に筋が通っていて納得できるものの、鑑定書の記載だけを読むと、かなり言葉足らずで、こちらの意図が十分に伝わらず、論理が通っていないととられてしまう可能性がありました。

　不動産鑑定評価書は、賃料の増減額の紛争において証拠の1つであり、その内容がそのまま法的な主張と一致するわけではありません。しかし、主張のよりどころとなる重要な証拠ではあるので、提出する際にはタイミングや、内容も十分に吟味することが大事だと感じました。もちろん法的な主張は弁護士がするべきことであり、不動産鑑定評価書に全ての事由を書く必要もなく、それを求めるべきでもありません。しかし、こちらがすぐには理解できなかったり、考え込んでしまったりするような記載は、当然相手方からも指摘されてしまいますので、紛争ごとで使う不動産鑑定評価書については、結果としての金額や途中の数字だけでなく、説明文等についても、訴訟に耐え得るような内容であるかのチェックが重要だと感じました。いったん、正本化してしまうと、訂正はできませんので、依頼する場合には案の段階で1度見せてもらうようお願いしておくべきだと思います。

　この後、別件で同じ不動産鑑定士にお願いすることがあったのですが、本件での反省を踏まえて、案の段階からかなり綿密に議論させていただ

き、説明部分をかなり修正して完成していただきました。

　なお、本件、第一審判決は裁判所が選任した不動産鑑定士の鑑定結果をほぼそのまま踏襲するもので、賃料の大幅な増額を認める内容となりました。しかし、控訴審では、こちらの主張をかなり踏まえた形で解決することができました。これも、第一審で相手方や鑑定人の鑑定に対してしっかりと反論ができたことが大きく影響していると思います。

```
体験談 2
```

# 覚悟を迫らず考えよう

弁護士７年目　男性

## 覚悟を迫るか？

　相談に来られた方は、賃借人でした。

　賃貸人から賃料増額請求を受け、任意交渉、調停を本人同士で行い、訴訟にまで発展してしまったので、弁護士にお願いしたい。

　相談者の相談の趣旨は至極当然なものです。

　ただし、弁護士が受任するには、注意深く検討すべき点があります。

　まずは、経済的利益の額です。

　不動産に関する事案は、経済的利益が大きいことも多く、こんなに弁護士費用を頂戴してよいのか？　と悩むことも多いです。賃料をめぐる争いでも、商業ビルの賃貸借事案などで、増額請求されている賃料と従前の賃料の差額が大きい場合には、あまり報酬に悩むことはありません。

　しかし、個人の居宅に関する賃貸借契約の場合は話が別です。

　個人の居住用物件の場合、商業施設に比べて月額賃料相場が低いこともあり、賃料差額は、月数万円程度（下手すれば２万円など）だったり

します。

　このようなケースを弁護士が受任した場合、弁護士費用の方が高くついてしまい費用対効果の面で依頼者に過大な負担をかけてしまいます。これをどのように弁護士が受任するのか。そもそも受任するべきなのか。

　依頼者に誠実に向き合うためには、弁護士費用の設定や受領方法等につき、よくよく吟味すべきでしょう。

　また、賃料鑑定にかかる費用の検討も忘れてはなりません。

　裁判所は、最終的には不動産鑑定士による鑑定を勧めますが、月額数万円の差のために、数十万円もの鑑定費用を拠出させるなど、相手方と費用を分担するとはいえ、好ましくありません。

　このような場合にどのように対処すればよいでしょうか。

　弁護士であれば、「報酬基準どおり弁護士費用をいただき、また、鑑定費用もやむを得ない費用として相談者に覚悟していただく」というのは、避けたいところでしょう。

　反面、賃料に関わる争いでは、裁判所もできる限り、裁判所での鑑定手続きを行わないよう、和解を勧めることが多く、和解交渉のために期日を重ねることも多いため、弁護士費用の極端なディスカウントもなかなかできません。

　法に不慣れな賃借人を手助けしてあげたいが、介入しづらい。

　弁護士としては悩ましいところです。


## 受任方法あれこれ

　このような場合、私は、弁護士費用については、できる限り法テラスに持ち込むようにしています。

　資力要件を満たすよう資力に関する報告書を作成・提出する、法テラスからの種々の質問（「経済的利益が低く、弁護士介入が望ましくないのでは？」などと質問されたりもします）にも意見書を作成し対応するなど、他の事案に比較して若干の手間はかかりますが、援助を認めても

らえたときに依頼者が得るメリットは大きいです（ちなみに、法テラスの場合、成功報酬も、得られた経済的利益を基準とする割合報酬ですが、得られた経済的利益が小さい場合には、着手金の額を基準として算出してもらえるため、「利益が少額すぎるがゆえに報酬金額の決定・提示に苦心する」という悩みからも解放されます）。

資力が大きく、法テラスが利用できない場合は、分割払いで受任してみたり、本人の活動をバックアップする内容で、月額制の契約（月●万円、書面作成した場合は別途●万円等）として受任したりします。


## 不動産鑑定士を頼れなくても諦めない

賃料鑑定についても、依頼者の資力や希望によっては、不動産鑑定士を頼らず、日頃から付き合いのある不動産業者（それも、できる限り大手）に無料査定を打診するようにします（もちろん、無料査定をお願いしやすい不動産鑑定士がいないか、日々探しています）。

担当者が証人尋問に呼ばれたりして裁判に巻き込まれないようにすれば、協力してくれる不動産業者も比較的多いように感じますし、当事者双方が不動産業者の無料査定しか用意せずに訴訟に臨んでいる場合、和解交渉の材料程度には扱ってもらえます。

弁護士になりたての頃は、他業種の知人が少ない方も多く、このような手段がとりづらいことも多いですが、弁護士に相談にいらっしゃるくらいですから、相談者の方は困っています。

費用の壁ですぐに諦めさせることなく、依頼者にとって有益な手助けができるよう、さまざまな業種の方と交流をしておきましょう。

## ワンポイントアドバイス

◎ 不動産鑑定評価書の作成を不動産鑑定士に依頼する場合、任せっぱなしにせず、事案によっては、作成途中で打合せをしたうえで、完成していただくのがよいでしょう。

◎ 依頼者がすでに不動産鑑定評価書を取得している場合も、金額だけで証拠としての有効性を判断せず、説明書きまで読み込んで、納得してから提出するようにすることが大事です。

◎不動産事件では、他の専門家の力が必要になりますが、その費用を全て負担できない相談者も結構多いものです。まだ見ぬ相談者のためにも、周囲と広く交流し、頼れる先を増やしておきましょう。

## Method
# 11 | 仮処分

▶ **自由な発想で行こう**

——仮処分は、不動産に関する事案の相談を受けた場合、真っ先にその着手を検討する手続きです。いわば、不動産紛争におけるスタートの手続きですが、限られた情報・時間の中で悪戦苦闘することが少なくありません。しかも意外なことに書式にあるような典型例にあたることは多くありません。事案に応じて被保全債権・債務者・対象物の特定・疎明資料などを柔軟に考えていく必要があります。

体験談 1

# 土地の占有移転禁止の仮処分？

弁護士 10 年目　男性

## 建物収去土地明渡請求なのに……

　依頼者から、建物所有目的で土地を賃貸しているところ、借主から勉強するための部屋（独立した建物での個室）を造りたいので、その限度で別途土地を貸してほしいと言われて、賃貸したが、賃料を支払わなく

094

なったので、建物収去土地明渡しの請求をしたいという依頼がありました。

　その借主は、個室にかかる土地賃貸借契約は終了していないと主張し、この土地賃貸借契約を従たる権利として、借地上の建物（母屋）の所有権とともに第三者に譲渡するとの情報がありましたので、占有移転禁止の仮処分をすることになりました。

　この場合、目的物の現状を維持することが目的ですので、仮処分の対象物は、土地を占有しているもの、本件では、個室になります。

　ところが、事前調査と現地確認で問題点が浮上してきました。


## 図面がない・建物内部にも入れない

　事前調査の結果、この個室は未登記建物であることが判明しました。

　未登記建物に対し仮処分を行う場合、債権者側にて建物図面及び各階平面図を添付書類として作成する必要があります。

　しかし、個室そのものは、依頼者本人が造ったものではなく、そのような図面の提出も借主から受けていないので、依頼者側にそのような図面はありませんでした。また、鍵もなかったので内部に入り現況を確認することもできませんでした。

　このため、個室（＝建物）を目的物とする仮処分は困難であると考え、また、この事案では上記のように土地そのものの占有を移転をするとの借主の主張もあったので、土地のみに仮処分を行うことになりました。

　実は、過去に同様の事案を扱ったことがあったので、自分自身はそれほど違和感はなかったのですが、裁判官面接（保全面接）では、絶対に裁判官から建物に仮処分をすべきだと指摘されるだろうなと思いました。

## 石ってどこ？

当初は個室の範囲という約定で貸しているので賃貸借の範囲は特定できるだろうと考えていました。

ところが、よくよく調べてみると、依頼者は一筆の土地を複数の人に貸しており、しかも土地家屋調査士の手によらず自分たちで貸す範囲を決めていたのです。そのためか、不動とされる鋲などが基準ではなく、電柱の真ん中から、数メートル先にある白い石までといった基準での特定の仕方をしていたのです。それでもなんとなく場所がわかってしまうのが不思議といえば不思議なのですが。

しかも、土地の取得時期も昭和30年代でしたので、地積測量図もなく、自分たちで測ったところで、何に書き起こすのか検討する必要がありました。

いろいろ考えた結果、複数の建物図面を組み合わせて外の建物との位置関係で特定するという方法をとることになりました。


## やっぱり言われた……そして出直してこい！

裁判官面接（保全面接）をすると、案の定、本事案においては建物の仮処分で行うべきである旨、指摘されました。

私は、個室ということであまりに資料がなく、鍵もないので内部の様子も不明であり、測量は困難であること、ほかの賃借権との関係で土地の占有が移転される可能性もあること、ほかの事案で土地の占有移転禁止仮処分を行ったことがあることなどを説明し、その土地の占有移転禁止仮処分手続きそのものは、進められることになりました。

そうすると、問題は賃借権の範囲の特定になります。

執行場所の特定に関し、一筆の土地の一部であることから、執行する具体的な場所（範囲）を特定することができるのかどうかについて、問題となりました。

これについては、当方は、個室の基礎の外側を基準としている旨説明しましたが、範囲がわかるような現地調査をするよう指示を受け、再面接となりました。

　その日のうちに、現場に赴き、本件使用借地の範囲の目印になるものを再度確認し、それを写真に納めて、現地調査としました。

　再面接においては、写真をまとめた報告書を示しつつ、借地の範囲の特定は可能である旨説明したところ、図面に「建物の基礎の外側」等を記載することで場所の特定を行うとし、何とか担保決定がなされました。

　もし、今、同様の事案を取り扱うのであれば、未登記建物に対する処分禁止の仮処分をもう少し検討すると思います。

　基礎がある建物でしたので、おそらく課税対象になっていると思われ、固定資産評価証明書を取得でき、所有者は確定できたと思います（本件では別の書証があったので、所有者・占有者の特定という点では問題がありませんでした）。

　なお、本訴段階では、固定資産評価証明書を取得することができ、収去対象の物件の特定は容易になりました。

　また、図面についても建築計画概要書の閲覧等を試みたうえで図面が作成できるかどうかを確認すると思います。

　不動産と評価できるような建造物があるということは、何らかの形で行政が関わっていることが多いと思います。

　不動産の権利関係を調査する際には、法務局の資料だけでなく、市区町村の建築課や資産課税関係の資料にあたるということが必要であると痛感した事案でした。

# Who is 占有者?

弁護士11年目　男性

　相談者は、所有建物の一部を飲食店の店舗としてAさんに貸しているところ、Aさんが賃料を1年以上滞納しているうえ、次の借り手もついているため、賃貸借契約を解除して建物の明渡しを求めてほしいということでした。

　そこで、まず、Aさんに対して内容証明郵便で催告書を送付しましたが、梨のつぶてだったため、信頼関係が破壊されたとして賃貸借契約を解除し、建物明渡しと未払賃料を求める訴訟を提起することになりました。

## 占有移転の危険性

　建物明渡訴訟には、占有移転による執行不能のリスクがつきものです。債務者が占有を移転するのは容易ですが、債権者にとって占有の移転を察知することは容易ではありません。

　本案訴訟の口頭弁論終結後に債務者から占有を承継した者には判決の効力が及びますが(民事訴訟法115条1項3号、民事執行法23条1項3号)、口頭弁論終結前の承継者及び不法占拠者等の承継によらずに占有を取得した者に対しては、判決の効力が及びません。そこで、債務者に対して占有の移転を禁止し、その占有を解いて執行官への引渡しを命ずることで、訴訟提起前に占有関係を固定するのが占有移転禁止の仮処分です。これにより占有者を確実に退去させることが可能になりますので、どうしても費用が支出できないなどの特段の事情がない限り、訴訟提起に先だって占有移転禁止の仮処分を申し立てておくことをおすすめ

します。本件の相談者も「執行できずに別訴を提起することを考えれば、この程度の費用負担は仕方ありませんね」とその必要性を理解してくれましたので、早速、占有移転禁止の仮処分を申し立てることにしました。

## 対象物件の特定

　占有移転禁止の仮処分の申立てにあたり、対象物件及び債務者（占有者）を特定する必要がありますが、実際に現地に赴いてみなければわからないことが多いので、申立て前の現地調査は重要です。

　本件では、Ａさんに賃貸している店舗部分が１階の北西の一角に造られており、建物の図面もないということでしたので、仮処分の対象となる物件をどのように特定すべきか考えました。そこで、現地調査の際に建物を実測し、簡単な図面を作成して、申立書別紙物件目録に「上記建物のうち、１階一部店舗（店舗名○○）23.436 m$^2$（別紙図面のABCDAの各点を順次直線で結んだ線で囲まれた範囲内の 23.436 m$^2$)」と記載することで、物件を特定しました。

## 占有者の特定

　次に肝心の占有者ですが、相談者の話では、該当しそうな者として、①賃貸借契約を締結しているＡさん、②Ａさんが代表取締役となり、飲食店を経営・管理しているＢ社、③飲食店の鍵を所持している料理人のＣさんがいるということでした。

　さらに、現地調査の際に郵便受けを確認したところ、Ｂ社の社名の下に手書きでＤ社の社名が書かれていました。そこで、Ｄ社の登記簿謄本を確認すると、Ｄ社の代表取締役もＡさんであり、本件建物が本店所在地として登記されていることが明らかになりました。

　現地調査に赴いた際、飲食店には準備中のプレートがかかっていまし

099

たが、ちょうど材料の買い出しに出てきたCさんから話を聞くことができました。Cさんの話によれば、Aさんは、もう長いこと飲食店には顔を出しておらず、給料の振込みも遅れがちであるとのことでした。そこで、給料を遅配している代わりに、CさんはAさんから店舗奥のスペースでの寝泊まりを許可してもらっているということでした。

現地調査の後、事務所に戻ってAさんの名前を入力してインターネットで関連情報を調べてみたところ、Aさんは、自分の氏名のほかに複数の通称を使用していることも明らかになりました。

## 占有者は誰か？

まず、賃貸借契約の当事者であるAさんについては、複数の通称を使用していることがわかったので、念のため、「Aこと〇〇こと〇〇こと……」と通称名を全て併記しました。

次にB社は、その経営を通じて店舗を管理・使用していた者として、Cさんは、賃貸借契約書に「乙の代理人、使用人等が使用する」旨の記載があることから、店舗で起臥寝食し、事実上の使用が認められる者として、D社は、本店所在地を置き、郵便物の配達先に指定していたとして、いずれも本件建物の占有者としました。

## 保全執行申立て

入念な現地調査が奏功し、裁判官との面接でも特に回答に苦慮することなく占有移転禁止命令が発令されましたので、速やかに執行官に保全執行の申立てを行いました。

処分禁止の仮処分や不動産仮差押え等は、登記することにより執行されますので、保全命令裁判所の書記官が嘱託で行ってくれます。保全命令と執行を事実上同じ機関（裁判所）が行うことになるため、あらため

て執行の申立てを行わなくても手続きを進めてくれるわけです。

　他方、占有移転禁止の仮処分や動産仮差押えの場合には、保全命令裁判所ではなく、執行官が執行機関となりますので、裁判所から保全命令が発令された後に、別途、執行官に対する保全執行の申立てが必要になります。

## 体験談 3

# 初めての仮処分

弁護士 4 年目　男性

## 事案の概要

　弁護士になって初めて取り扱った保全事件でした。当時、弁護士登録 2 年目でした。東京郊外に広大な敷地を有している地主がおり、同敷地内には、地主が居住している一戸建て（以下「地主家」といいます）が北側に、賃貸用の一戸建て（以下「賃貸家」といいます）が南側にそれぞれ存在していました。地主家及び賃貸家、いずれも地主が所有者でした。地主家と賃貸家の敷地の間には東西にわたり長いベニヤ板が設置されており、同板が利用敷地の境界となっていました。

　依頼者は、数十年にわたり地主から賃貸家を賃借していた方でした。ある日、地主が、依頼者に対し、「地主家を取り壊してアパートを建築しようと考えている。ベニヤ板を取り壊して見栄えのいいブロック塀を設置しようと思う。なお、地主家と賃貸家の本来の境界はあと 60 cm ほど南に位置していたはずだから、ブロック塀はベニヤ板よりも 60 cm 南側に設置するつもりである」という告知をしました。依頼者は地主が主張する本来の境界位置に対して強く反対しましたが、地主は強硬手段

**101**

に出て、ベニヤ板を自ら取り外し、ベニヤ板よりも 60 cm 南側に工事用の金属塀を構築し始めました（アパート建築工事完了後に、金属塀を取り外してコンクリート塀を設置する予定だったようです）。

依頼者は、アパート建築そのものには全く異存はないものの、もともと設置されていたベニヤ板の南側部分を庭として有効活用していたため、庭の利用範囲が狭められるのは耐え難い、と考えていました（※本来、建物賃借人が敷地利用に関する権利利益を有しているかという民法上の問題点はあるのですが、本稿では割愛します）。


## さまざまな仮処分を考えてみる

さて、庭の利用を回復するために何をするのがよいのか。訴訟をしていてはその間にブロック塀が完成してしまう……訴訟の結論が出るまで、長期間庭が狭められた状態でいることも酷である……。すぐに思いつくのは、アパートの建築差止めですが、とても認められるとは思えません。

そこで、本件は金属塀の撤去請求を予定しつつ、まずは①金属塀の構築続行禁止仮処分、②縮小された 60 cm の土地部分に新たな構築物等の設置禁止仮処分、③金属塀の撤去仮処分、④元の位置にベニヤ板を再設置させる仮処分、を求めることにしました。教科書事例などで、不動産そのものの建築差止めを行うケースをみたことはよくありましたが、当時登録2年目であった若手弁護士なりに、依頼者の要求と仮処分が認められる見込みのバランスを考慮したうえでの判断でした。依頼者に対し、上記①乃至④の仮処分の意味を説明し、特に③④のような断行仮処分については最もハードルが高いものの、最低でも①②の仮処分だけでも獲得しようという協議のもとで活動を開始することにしました。

## 担保金の説明、忘れるべからず

　さて、早速翌日から起案の草稿を練ることにしたわけですが、判例調査中にある事に気づきました。「担保金の説明を一切していない」と。

　前日の相談の際に、依頼者に対し、仮処分申立ての見通しこそ説明はしたのですが、仮処分申立てが認容される場合には事前に担保金の供託が必要になる可能性が高い旨の説明を欠いており、なおかつ、仮に認容決定が出た場合に必要となる担保金の支払い目安もきちんと精査できていない、という状況でした。結果として、たまたま相談日の翌日に気づいたという点と、依頼者が金銭的に余裕のある方という事情があったので、担保金の供託が必要になり得ることについて大きな問題は生じず、依頼者から特別の不満は出ませんでした。

　しかし思い返せば、依頼者によっては担保金が必要ならば仮処分自体を断念するケースも出てくるでしょう。少なくとも、仮処分申立て後、ましてや裁判官から担保金の供託を求められた段階で担保金の話を依頼者にしていては、弁護過誤となりかねません。とてもヒヤリとした体験でした。


## 仮処分決定が出ても安心はできません

　その後、仮処分申立てを行い、結果として①②については認容されましたが、③④については却下となりました。仮処分決定が出るまでに、地主側と準備書面のやり取りを行い、審理に数か月を要しました。依頼者との間で、「一部とはいえ、ようやく勝ち取った仮処分ですね。あとは本案を頑張りましょう」と話し合い、ホッと一息ついていました。

　しかしその後、依頼者も私も仕事が忙しく、数週間ほど訴状作成作業が停滞していたところ、ある日、保全部から「1か月以内に訴訟提起して訴状の写しを提出せよ」という内容の通知が届きました。いわゆる起訴命令というものです。本件については、不動産事件ということもあり、

図面作成などの証拠作成に一定の時間を要するので、1か月での準備はかなりギリギリでした。結果として1か月の訴状提出期間に間に合いましたが、事案によっては1か月では準備が間に合わないケースも必ずあるはずです。もちろん、仮処分決定次第では訴状の内容も変わってくることがあると思いますし、事案にもよると思いますが、仮処分決定が出る前から、本案対応についてもできる限りの準備を行っておくことが望ましいのだろうと思います。


## 最後に

初めて受任した保全事件という中で、仮処分申立ての内容、担保金の説明、仮処分決定後の対応、それぞれについて大変学ぶことが多かった事案でした。


## ワンポイントアドバイス

◎　建築計画概要書の閲覧・謄写。そこには、建築主・敷地の状況など建物の建築に必要な情報が記載されているので、その記載から物件の特定が可能になります。

◎　固定資産評価証明書や固定資産申告書などの閲覧については、物件の特定、未登記建物であれば名義人の履歴などの確認も可能になります。ただ、固定資産申告書は個人情報開示請求や公文書開示請求などの手続きを経ることが必要な場合があります。

◎　保全命令が発せられると即時執行力を生じますので、債務者に送達される前であっても保全執行が可能です（民事保全法43条3項）。実務では、保全の密行性を担保するため、保全命令の発令から債務者への送達まで1週間程度の間を空けているようです。

◎　ただし、保全執行は、債権者に保全命令の決定正本が送達されてから2週間以内に行わなければなりません（民事保全法43条2項）。2週間以内に執行に着手すればよく、完了することまでは求められていませんが、執行期間を経過してしまうとせっかく取得した保全命令が無駄になってしまいますので、十分な注意が必要です。

◎　仮処分の申立て内容は無限に考えられます。依頼者のニーズと決定が認められる見込みを正確に捉え、耳にしたことのない申立て内容であっても、さまざまな仮処分申立てを検討する必要があるでしょう。

◎　受任前に担保金の説明を必ず行いましょう。また、可能な範囲で、担保金額の目安の説明も行いましょう。

◎　仮処分決定が出ても、本案で勝たなければ意味がありません。本案の準備は事前または決定後速やかに行うべきでしょう。

## Method
# 12 | 賃貸借の債務不履行Ⅰ

▶ **賃料不払い～それぞれの立場～**

——賃貸借契約の債務不履行として圧倒的に多いのは賃料不払いであろう。しかし、一口に賃料不払いといっても、解除をするのか、そもそも解除が認められるのか、解除は認められるとしていかに退去してもらうのか等々、どのように対応すべきかはケースに応じた判断が必要となる。
　賃借人に支払能力がない場合は連帯保証人の出番である（保証会社がある場合はともかく、不思議と、まずは連帯保証人に請求するという発想にはならない）。本 Method では、さまざまな賃料不払いのケース、そして連帯保証人の責任が問われたケースを取り上げる。

### 体験談 1

## 賃料不払いあれこれ

弁護士 8 年目　女性

### ケース①判例にそぐわない契約書

　「1 か月でも賃料不払いがあった場合は、催告なしに賃貸借契約を解

106

除できる」という契約書の文言を盾に、一度の不払いを理由に解除、明渡しを請求したいという相談でした。

しかしながら、ほかに信頼関係を破壊しているような事情もなく、賃料不払いのみだと３か月程度の不払いが必要であると解される判例の基準には合致しないので、「今はまだ難しいので、もう少し様子を見てください」と回答せざるを得ません。

さらには、無催告解除も必ずしも有効になるとは限らないので、「念のため支払いを催告して、しばらく経っても支払いがなければ解除通知を送りましょう」とアドバイスしておきました。

相談者は「契約書に書いてあるのにそんなに待ったり手間暇がかかったりするのか……」とあまり納得していない様子でした。

契約書の解除条項には、賃料不払いは２か月としているものが多く、本件のように１か月としているものもよく目にします。確かに、「信頼関係が破壊されたと認められない特段の事情がある場合には解除を認めない」などと明記するのは抵抗がありますが、もう少し判例解釈に則った記載方法はないものかと思う今日この頃です。

## ケース②手続きは慎重に

２か月間の賃料不払いがある賃借人に対し支払いを催促していたところ、ある日賃借人が、大家である相談者の自宅郵便受けに解約申入書を投函、その数日後に必要な荷物だけ持って退去、行方不明になってしまったので、すぐにでも専門業者に依頼して荷物を撤去してクリーニング等をしたい、という内容の相談でした。

緊急時に賃貸人の立入りを認める条項は根拠とできないので、端的に契約の終了を確保する必要があると考えました。この点、賃料不払い２か月間のみではいまだ信頼関係が破壊されているとはいえず、行方不明とはいってもいつひょっこり戻ってくるかはわからないので、債務不履行解除は難しい。解約申入書面が交付されているが、契約書上、解約申

入れは「申入れから1か月を経過した日」とあるのでまだ足りない。そこで、相談者には、少なくとも1か月待つよう伝えました。

　1か月経過後に、契約が終了したことを確認するとともに、部屋の中の物品を撤去するよう請求する書面を送付したいところですが、叶いませんので、1か月経ったら不動産業者に依頼して、鍵を付け換えてもよい、ただ物品はきちんと保管して勝手に破棄しないよう伝えました。このような対応が自力救済にあたらないかが問題ですが、賃借人からの解約申入書面に退去確認日まで（ご丁寧に）記載があることや、本人と連絡がつかない等の諸事情から、違法性はないと判断しました。

相談者「これらの費用は請求できますか？」

　私　「できますが、現実的には難しいですよね」

相談者「では連帯保証人には？」

　私　「当然できます。支払能力はあるのですか？」

相談者「わかりません」

　私　「……請求してみるしかないですね」

相談者「辛いですね」

　私　「そうですね……」


## ケース③諦めるな賃料未払い

　マンションの賃料及び駐車場料金を、数か月前から滞納しており、賃借人である相談者はお金ができれば少しずつ支払うということを続けていたところ、賃貸人から明渡請求訴訟を提起されてしまった、という事案でした。相談者は、引越し代金もないし家族も困るし、仕事は落ち着いてきており、今後の賃料は間違いなく払うので何とか住み続けたい、とのこと。私は被告代理人として受任することになりました。

　明らかに契約解除が認められるケースではありましたが、本件マンションの所有者は比較的大手の企業であり、本件マンション自体の戸数も多いので、見込みはあるとみていました。

訴訟期日には、原告代理人と本件マンションの管理会社の担当者が来ており、担当者を見た瞬間、私は和解は成るという自信が湧きました。担当者が来るということは、断行までの強硬手段は考えていないと確信を得たためです。仮に明け渡す方向になったとしても、明渡しまでの猶予期間を設け、その間の賃料不発生、未払賃料等の免除、さらに引越し代まで求めようかと考えましたが、幸いにして、未払賃料等の返済方法を定め、契約は継続するという内容での和解となりました。

賃料不払期間が長く、明らかに信頼関係が破壊されているケースであっても、賃貸人はその性質により対応はまちまちです。例えば、UR賃貸住宅や公営住宅の場合は、営利を目的としておらず、税金の無駄遣いを避けつつ広く行政サービスを提供するという見地から、賃料不払いの賃借人は断行によってでも退去してもらい順番待ちの区市民を入居させるという考えの場合が多いので、せいぜい有利な条件での退去を目指すということになりますが、個人の賃貸人の場合は、往々にして、断行までの時間と費用や、次の賃借人を探す手間などを考え、未払金を清算したうえで入居を続けるという和解をすることが多いでしょう。一方で、非常に感情的になっており今すぐ追い出したいという大家さんの代理人となったケースでは、未払賃料全額支払免除、さらに引越し代を払ってあげてもまだその方が経済的であるという説明をします。そして本件のように、賃貸人が比較的大きな企業の場合は、極力経済的損失を避けたいという発想であることが大概なので、今後の支払いを約束して解除・退去を免れることも少なくありません。

賃貸人、賃借人いずれの立場であっても、相手方の素性や本音を探りながら、依頼者にとって最善の解決を目指しましょう。

109

## 体験談 2

# 「こんなはずじゃなかった」
# では済まされない!

弁護士 6 年目　男性

## 「寝耳に水」の訴訟提起

　「借金の保証人はお断りだけど、部屋を借りるための保証人くらいならいいだろう」と、安易に建物貸借の連帯保証人を引き受けてしまう方は少なくありません。消費貸借契約に比べて一見ハードルが低いように思われがちな建物賃貸借の連帯保証人ですが、契約内容によっては、その責任の範囲が無制限に拡大するリスクがあることを認識していなかったばかりに思いもよらぬ多額の債務を負う結果を招くことがあります。

　さて、相談者は、友人が経営する美容室の賃貸借の連帯保証人になった方でした。急逝した父親の代わりに急きょ新たな保証人を立てなくてはならなくなったという事情や、家賃も月額 8 万円とさほど多額でなかったこと、2 年間の契約だからと言われたことなどから、相談者は、それほど熟慮することなく、連帯保証人になることを引き受けてしまったそうです。その後、相談者は、その友人と疎遠になり、全く連絡を取り合うこともないまま 10 年余の月日が経過し、当時の契約が継続しているとは思いもせずにいたところ、突然、賃貸人から 500 万円という多額の未払賃料等の支払いを請求する訴訟を提起され、まさに「寝耳に水」ということでした。当の友人は、2 年前に失踪し、行方がわからなくなっていました。

110

## 債務額無制限のリスク

不動産賃貸借契約における連帯保証は、「本契約により生ずる賃借人の債務一切を負担する」という内容にされるのが通常です。すなわち、連帯保証人の保証の範囲は、賃料・更新料・原状回復費用・残置物撤去費用・強制執行費用等、明渡債務を除く賃借人の債務全体に及び、その額は無制限に増大するリスクがあります。

相談者の友人は、失踪するまでの間、遅れながらも少額ずつの支払いを続けていたため、賃貸借契約が解除されることなく10余年の間に未払賃料額が膨らみ続け、その額は、相談者の想定の範囲をはるかに上回っていました。

## 期間無限定のリスク

不動産賃貸契約における連帯保証の範囲について最高裁判所は、「期間の定めのある建物の賃貸借において、賃借人のために保証人が賃貸人との間で保証契約を締結した場合には、反対の趣旨をうかがわせるような特段の事情のない限り、保証人が更新後の賃貸借から生ずる賃借人の債務についても保証の責めを負う趣旨で合意がされたものと解するのが相当であり、保証人は、賃貸人において保証債務の履行を請求することが信義則に反すると認められる場合を除き、更新後の賃貸借から生ずる賃借人の債務についても保証の責めを免れないというべきである」と判断しています（最一小判平成9年11月13日裁判集民186号105頁〔28030098〕）。

すなわち、建物賃貸借契約が解約申入れや解除原因等なく合意更新または法定更新により継続すれば、原則として更新後も保証人の地位が継続するということです。

本件の相談者は、2年間という期限付きで連帯保証を引き受けたつもりでした。そして、その後、1度も契約書が取り交わされなかったこと

から、連帯保証契約も2年間で消滅したものと認識していました。しかし、本件賃貸借契約は、当事者間の黙示の合意により更新され、契約が継続されたことから、相談者には、保証意思がなく、また、その認識もないのに、訴訟提起に至るまでの長期間にわたり連帯保証人の責務を負わされることになってしまったのです。賃貸借契約の当事者が契約更新のたびごとに保証人の意思確認を行うとは限りません。いったん連帯保証人になってしまえば、その地位が無期限に継続してしまうリスクがあるのです。

## 信義則による保証人の責任の限定

しかし、賃料の滞納が長期間継続しているにもかかわらず、賃貸人が連帯保証人にその事実を報告することなく、漫然と契約を更新させているような場合には、保証債務の履行を請求することが信義則に反するとして否定されることがあり得ます（前掲最一小判平成9年）。

本件においても、賃借人が所在不明になった時期以降については、すでに賃借人による債務の履行が期待できない状況になったのですから、賃貸人は連帯保証人に連絡をとるなどして未払賃料額が増加するのを防止すべきであったものであり、その後に増加した滞納額についてまで保証の責めを負わせることは信義則上許されないとして、友人が失踪した後の未払賃料については、請求が棄却されました。

## 黙示の合意更新における契約期間と更新料

また、相談者は、未払賃料のほか2年ごとの更新料も請求されていましたが、裁判所は、当初の契約期間経過後の黙示の合意更新について、当事者間の黙示の合意の際、新たに賃貸期間が定められたとは認められず、賃貸期間を2年とすることが黙示的に合意されたと推認することは

できないから、賃貸期間を定めなかったと解するほかない（民法619条1項後段）と判断し、黙示の合意後は、期間の定めのない賃貸借契約であって更新料は発生しないとして、黙示の合意時を除く更新料の請求は、棄却されました。

## 契約書の文言だけで判断せず、具体的事情を検討せよ

　本件では、賃貸借契約締結時及び締結後の具体的事情を詳細に主張・立証したことで、賃借人が失踪した後の2年分の賃料及び更新料について連帯保証人の責任を免れることができました。

　連帯保証人を引き受ける前ならば、想定外のリスクを回避するための方策をあらかじめアドバイスすることができるのですが、本件のように、相談者のほとんどは、トラブルになって初めて事務所に相談にいらっしゃいます。

　その場合には、賃貸借契約書の文言のみにとらわれて安直に諦めてしまうのではなく、連帯保証人に責任を課すことが社会通念に照らして相当性を欠くといえるような具体的な事情をできる限り抽出してみましょう。

### ワンポイントアドバイス

◎　賃料不払いにも、長期に及ぶのか、断続的なのか、1回（1か月）なのか、さまざまなケースがありますが、まずは信頼関係が破壊されているか、それを裏付ける証拠があるのか、すなわち解除が認められるか否かの判断が肝要です。解除が認められるとして、手続き面や費用面で賃貸人・賃借人双方の負担を考慮し、当該具体的事情下において適切なアドバイスができなければなりません。

◎　賃貸借契約の更新時に自動更新でなく必ず更新手続きを要する旨を契約書に明記しましょう（保証期間長期化リスクの防止）。

◎　賃貸人の連帯保証人に対する報告義務を定めましょう（保証債務増大リスクの防止)。

◎　連帯保証人に契約解除権、明渡しの代理権及び残置動産の処分権を与えることをあらかじめ賃借人に了承させる特約を締結しましょう。

◎　もっとも、債権法の改正により、極度額の設定や保証人に対する情報提供が義務化されれば、建物賃貸借における連帯保証人の責任は、一定程度限定されることになるでしょう。

# Method 13 | 賃貸借の債務不履行Ⅱ

## ▶ 大家はつらいよ

――賃貸借契約は、長期間にわたることも多いため、賃借人による債務不履行に関する相談は多く、またその内容も多岐にわたる。賃料不払い以外の債務不履行の例をみてみよう。

### 体験談 1

## 自殺が債務不履行！？

弁護士 5 年目　女性

　建物賃貸借契約における各当事者の基本的な債務は、貸主は借主に対して目的物を使用収益させることであり、借主はその対価として賃料を支払うことにあります。賃貸借契約の債務不履行の典型例は、借主の賃料不払いであろうと思いますが、時に普段はあまり意識していない点が問題となるケースがあります。

## 息子が自殺した悲しみに加えて……

　相談者Aさんは、ご子息を亡くしたばかりの方でした。ご子息は、大学を卒業後会社員として就職し、マンションを賃借してはじめて1人暮らしをしていました。しかし、仕事で思うような成果が出なかったことや、上司との人間関係等に悩んだ末、マンションの室内で首を吊り自殺したとのことでした。

　Aさんが葬儀や法要を終え、息子を亡くしたことを悲しみ、また、息子の苦しみに気づかずに助けることができなかったことを悔やみながら喪に服していたところ、ご子息が賃借していたマンションの賃貸人から、ご子息がマンションの室内で自殺したことにより、賃貸人に損害が発生しているので、その賠償を求めるとの通知が届きました。

　Aさんは思いもよらぬ請求を受けて驚き、法的にみて、これに応じなければならないのかどうか相談したいとのことでした。


## 何が債務不履行？

　賃貸人側の主張する損害とは、マンションの室内で自殺があった場合は、一般に当該居室に入居することに心理的抵抗が生じ（いわゆる「事故物件」）、宅地建物取引業法上、賃貸借契約締結の際に当該事実を重要事項説明として告知すべき義務があり、また、賃料の減額を余儀なくされることから、少なくとも2年分の賃料相当額約200万円の逸失利益があるとするものでした。

　確かに、この点は、金額は措くとしても賃貸人の損害といえるでしょうし、賃借人の自殺との間に因果関係もあるとみることができそうです。

　では、賃借人に債務不履行はあるのでしょうか。自殺をした賃借人は、どのような債務に反したのでしょうか。

　自殺幇助罪（刑法202条）の処罰根拠に関して「自殺は違法か否か」といった論点があったな、などと考えをめぐらせながら、文献等を調査

した結果、建物の賃借人は目的物を使用・収益するにあたり善管注意義務（民法400条）を負うことからみて、使用に伴う自然摩耗は別として目的物の経済的価値を大きく損なうことのないよう注意すべき債務を負うと考えられました。そうすると、上記のとおり、賃借中の居室内での自殺は、それにより当該居室が事故物件となり心理的瑕疵を帯びることになるから、賃借目的物の経済的価値を下落させる行為であって、賃借人の債務不履行を構成することになります。

　もちろん、以上の議論は一般論であって、自殺をした賃借人に債務不履行責任が実際に発生するか否かは、自殺の態様や場所（室内での首吊り自殺か、あるいは、マンションの屋上からの飛び降り自殺かなど）、賃借目的物の構造・規模及び入居者の入れ替わりの頻度・ターゲット層等の諸般の事情を考慮のうえ決せられるものです。

　本件で問題となった物件は、都心に所在する、小規模な単身者向けのワンルームマンションで、入居者の入れ替わりの頻度も比較的高いものだったこともあり、自殺による債務不履行責任は生じないと争う余地も否定しきれないと思われました。


## 方針のアドバイスに悩む

　Aさんには、以上を説明したうえで、請求を拒絶するか、それとも、いくらかの解決金を支払う形で示談をまとめるかを決めていただくことにしたのですが、方針のアドバイスに窮しました。賃貸人の請求の法律構成は、Aさんのご子息に生じた債務不履行による損害賠償債務をAさんが相続により取得したというものでしたので、Aさんが相続放棄することを検討しましたが、Aさんはご子息の賃貸借契約につき保証をしていたため、相続放棄をしても保証債務の履行請求は受けることになります。

　ご子息を亡くして気落ちしているAさんに、請求棄却を求める裁判を戦い抜くことは困難であるように思えましたし、類似事例の裁判例を

みると、概ね賃料相当額の2年から3年程度の損害金の賠償を認める傾向にあり、賃貸人の請求を争うべきであるとはいえませんでした。

Aさんはすぐに結論を出せなかったので、ひとまず受任して、賃貸人側の請求意思の固さを探ることにしました。

## 実は賃貸人側も……

賃貸人は当該マンション1棟を所有している個人オーナーで、賃貸室内で自殺者が出たことは初めてだということでした。Aさんには、気の毒なこととは思うが、自身は当該マンションの家賃収入で生計を立てていることから、賃借人の募集及び契約締結の際に事故物件として告知義務を負ったり、家賃を減額しなければならなかったりすることは大きな痛手であり、損害の賠償はしてほしいと考えているとのことです。ただ、本件室内で自殺があったことは、周囲にはいまだそれほど知られておらず、訴訟などの大事になることで事故があったことが明らかになることは避けたいという希望も強くありました。近頃は、インターネット上に「事故物件公示サイト」なるものがありますが、本件物件は当該サイトにも掲載されていませんでした。

賃貸人側の希望を詳しく聞いてみると、要するに、事故物件としての告知義務を免れる形で、賃料の減額なく、賃貸借契約を継続する方策が最良であるとのことでした。

私は本件をまるく収める方法を思いつきました。

## 円満解決

事故物件にかかる告知義務に関しては、事故後の直近の賃借人についてのみ課される旨判断する裁判例があります（東京地判平成19年8月10日平成19年（ワ）第4855号公刊物未登載）。

この判断を前提にすれば、Ａさんのご子息の自殺の事実を知りつつ当該居室へ入居を希望する方を賃貸人に紹介し、両者間で賃貸借契約が一定期間継続すれば、以後は賃貸人において事故物件の告知義務を免れることになります。

Ａさんのご子息は大学を卒業したばかりでしたので、大学時代の友人の中に、新居を探している方がいたため、その方に協力を求めたところ、快く応じていただくことができ、賃貸人もこれを了解しました。

Ａさんと賃貸人との間では、①Ａさんのご子息の自殺により賃貸人に約200万円の損害が生じたことを確認すること、及び、②Ａさんのご子息の友人と賃貸人との賃貸借契約が1年間継続した場合は、賃貸人はＡさんに対する損害賠償請求権を放棄することを内容とする合意書を交わしました。

現在、すでに上記合意から特に問題なく1年間が経過しましたので、Ａさんと賃貸人との間の法律問題は円満に解決しました。ご子息の友人の賃貸借契約が途中で解除等になった場合のことを考えるとぞっとするところもあり、アクロバティックな手法だったと思いますが、法律関係の考え方や、解決に向けた方針の策定に悩んだ事例として紹介します。

体験談 2

# たとえみんながやっていても！？

弁護士 10 年目　男性

## 賃借物件に見知らぬ人が出入りしている！？

最近、住宅地の居住用マンションの前で、どうみても住民でない外国人の方々がたくさんのキャリーバッグを持って立っているところをよく

見かけます。おそらく、当該マンションを民泊として利用しているのでしょう。

　民泊は、観光立国を目指す日本における喫緊の課題である宿泊施設不足の解消や、空き物件の有効活用などの効能を期待されています。従来の法律によると宿泊施設として提供するためには旅館業法上の許可が必要でしたが、かかる許可を取得する要件が厳しかったため一般住居を宿泊施設に供することは困難でした。そこで、闇民泊といわれる非合法な民泊が増え、民泊の経営者が逮捕される事件が発生するなどの問題が生じていました。それが、本年（平成29年）住宅宿泊事業法が成立することにより民泊制度も整備され、法律自体にまだまだ問題点はあるものの、届出や登録をすることで、民泊を営むことができるようになったのです。

　しかし、このように民泊の法制度が整備されたのも、民泊が流行り始めたのですら、ここ数年であり、たとえ民泊として営業をするべく届出などの住宅宿泊事業法の要件を整えたとしても、現時点で賃貸借契約を締結した際の使用目的の中に民泊が含まれている方が珍しいのが現実です。

　それでも、民泊として貸し出すことにより、空室を効率的に利用でき、場合によっては賃貸する場合よりも収益が多くなるということもあってか、賃貸借契約書の内容にかかわらず、民泊営業を行う借主は後を絶ちません。


## 民泊使用は用法遵守義務違反か

　民泊には、家主居住型と家主不在型があり、家主居住型であれば契約上の賃借目的が居住であったとしても、借主本人が住んでいるところにゲストを泊める形式になるため、用法遵守義務違反となるかどうかについては争いが生じ得ます。居住者が他所から来た友人を泊めることと同じ面を有する一方、不特定多数のゲストが宿泊する点や当該物件によって収益をあげることまで目的に含まれていない点を考慮すると用法遵守

120

義務違反との主張が認められる可能性はあります。

　他方で家主不在型については、借主自身が当該物件には居住しておらず、住宅宿泊管理業者が住宅の維持保全業務や宿泊業務を行うため、使用目的に反することになることは明らかです。また、ゴミの処理や騒音などによる近隣住民からの苦情が本人が居住していない分、家主居住型に比べると多くなりやすいです。

　したがって、契約上の使用目的にない民泊利用を賃借人が行っている場合は、用法遵守義務違反により契約を解除できる可能性が高いといえます。他方で、自分の物件に知らない人間が出入りすることを好まない賃貸人は、今後は賃貸借契約を締結する際または締結後であっても合意書を作成するなどして、使用目的に民泊を含まない旨を明記することが望ましいといえます。


## 証拠集めの方法

　では、賃貸人は、自分の賃貸物件が民泊として利用されていることをどうやって知ることができるのでしょうか。

　実は、民泊仲介サイトには、物件の正確な住所が記載されているとは限りませんし、住所が載っていても何号室が利用されているかについてまでは一見するとわからず、物件の正確な住所は実際に予約があってから予約者に通知するというサイトも多くあります。また、サイト上には物件の写真が掲載されていることが通常ですが、必ず掲載されているのは内装であり、建物自体の外観については掲載されていない物件もあるため、写真のみで当該物件が自己の貸した物件であると判断できないケースもあります。そのため、貸主の気がつかないうちに民泊として利用されていて、近隣住民からのクレームがあって初めて気がついたというケースがそれなりの件数に上ることは否定できません。

　そこで、仲介サイトでおおまかな地図は出るので、それを利用して用法遵守義務違反が疑われる場合には実際に予約をし、管理者からの物件

の正確な位置などを記載した返信を確認して、実際に賃貸物件が民泊の用に供されている証拠をとることが考えられます。

もっともこの方法によると、民泊物件が用法遵守義務違反をしていないことを確認してから物件の予約をキャンセルすることで、借り手のサイト上の評価が下がる可能性があり、あまり評価が低いとサービスを利用するうえで不利益が生じることもあり得ます。

用法遵守違反義務を発見する他の方法としては、自らまたは管理会社による定期的な物件の見回りをしたり、近所の話を聞いたりする方法が考えられます。


## 仲介サイトの対応

先日、弊所にも「どうやら、うちの物件が民泊仲介サイトに掲載されているようなんです。もし、そうであるなら賃借人には出て行ってほしいと思っています」と相談にみえた賃貸人がいらっしゃいました。

もっとも、この方の物件は、室内写真を見ただけで当該物件であることがわかるような特徴のある造りになっていたため、民泊仲介サイトの写真を保存し、賃借人を問い詰めたところ、同人が民泊として利用していたことを認めたので、合意により賃貸借契約を解除したうえで、賃借人には無事に任意で退去してもらうことができました。

なお、同時並行で、民泊仲介サイトに対しても、貸主が無断で民泊を運営している旨を告げ、当該物件の掲載をやめるように要求していたのですが、掲載者本人からの申入れでないことを理由に、同物件の掲載の取下げをしてもらえませんでした。最終的にサイトから当該物件が消えたのは、賃貸借契約の解除が終了し、賃借人が退去して同人がサイト運営側に取下げを申請してからです。

したがって、念のため賃借人と用法遵守義務違反による解除及び物件からの退去を請求する際には、仲介サイトへの物件の掲載の問題についても言及し、早期段階で取下げを求めるのも1つの方法かと思われます。

## ワンポイントアドバイス

◎ 民泊については、物件がマンションの場合は管理規約も問題となり得ます。管理規約上は民泊が明文で禁止されていなくとも、管理規約が変更されて禁止されることもありますので、管理規約の動静には気を付けてください。

◎ 新しい法律については、未知の分野ではありますが自分が第一人者になるチャンスですので、積極的に開拓することが新しい業務につながるかもしれません。

◎ 不動産事件に限ったことではありませんが、典型的な法律問題でなく、普段はあまり考えたことがない論点であっても、大半のものは学術的な研究が進められていたり、類似事案の裁判例がみつかるものです。依頼者に対するアドバイスに悩んだら、先輩法曹の知恵を参考に、当該事案の個別事情を踏まえて、適切な方策を検討する必要があるでしょう。

## □ 契約破棄

契約破棄。そんなことは滅多に起きないだろう。

と思うのは、（少なくとも弁護士としては）間違いでしょう。

売買契約では、例えば手付けの制度は契約破棄に備えた制度ともいえます。

かかる制度がある以上、契約をしておきながら、途中で気が変わる方が結構多いことは、ある程度裏付けられます。

裁判実務をみても、手付金の倍返しの請求等手付解除に関わる紛争も多いですし、賃貸借契約についても、契約破棄に関する紛争は結構多いです。

現に、私は、仲介会社を通じて口頭で契約が成立し、入居日も決定。借主はこれを受けて現在の自宅に関する賃貸借契約の解約申入れ等の退去準備を開始し、家具を新調。引越し業者の手配等を済ませ、仲介会社から送られてきた契約書に署名押印して返送。敷金礼金等の初期費用を入金し、貸主からの契約書返送を待っていたら、急きょ貸主が心変わり。契約をキャンセルしたいと言われ、一方的に初期費用を返金されたことに対する対応相談を、半年のうちに複数回受けたことがあります（もちろん、いずれも全く関係性がない別案件）。

このような場合、契約書の条項解釈は役に立たないことも多く、大学で習うような基礎理論、判例理論で勝負したりします。

本書では、紙面の都合もあり、詳述を避けていますが、契約破棄紛争にも対応できるよう、日々研さんを積みたいものです。

## Method

# 14 | 信頼関係破壊

## ▸ 甘くみるなよ信頼関係

──不動産賃貸借契約は、信頼関係を基礎とした継続的な契約関係であるため、信頼関係破壊の法理が適用される。この法理は、主に借主保護の観点から解除を制限する場面で用いられるが、賃借人の直接的な契約違反があるとはいえない場合（迷惑行為を繰り返すなど）において、賃貸人から解除の理由として主張されることもある。つまり、信頼関係破壊の法理は、借主を保護する盾であるとともに、貸主の矛になり得る。

### 体験談1

## こんな賃借人、我慢ならない！

弁護士10年目　男性

### 繰り返される賃料減額請求

　「先生、もうこの賃借人には我慢できません。どれだけ立退料をお支払いしても構いません。なんとしてもマンションから出て行ってもらいたいと思います」

賃借人が賃料減額請求訴訟を提起した後にマンションの大家さんから受けたご相談です。マンションの1室を貸していた賃借人の態度がどうしても我慢できないので、賃料減額請求には応じず、賃貸借契約の更新にあたり、更新を拒絶し、賃貸借契約を終了したいとのことです。

　「賃借人は弁護士です。賃借人は2年おきに賃料減額請求訴訟をし、今回で3回目です。交渉であれば賃借人とお話ができるのですが、賃借人は事前に何の連絡もなく、内容証明郵便すら送ってこずに、いきなり訴訟を起こすのです。しかも、いきなり訴訟を提起する理由は、毎回、私との対話が困難であるからだと言うのです。しかし、賃借人は、1度も私に対話を求めていないのです。酷くないですか。結局、こちらは弁護士を立てざるを得ないので、毎回の出費もバカになりません」

## 権利ならどのように行使してもよいか

　借地借家法32条1項は、過去に合意した賃料額が「土地若しくは建物に対する租税その他の負担の増減により、土地若しくは建物の価格の上昇若しくは低下その他の経済事情の変動により、又は近傍同種の建物の借賃に比較して不相当となったときは、契約の条件にかかわらず、当事者は、将来に向かって建物の借賃の額の増減を請求することができる」と定めています。

　賃料減額請求権は、形成権です。つまり、要件を満たす権利の行使がなされると、賃貸人の諾否にかかわらず、当然に賃料減額の効果が発生します。そのため、「少しでも賃料が下がれば儲けもの」とばかりに、気軽に賃料減額請求を行使したり、行使をあおるかのごとき広告が見受けられます。ましてや、本件では賃借人が弁護士ですから、賃借人は弁護士費用の心配がありません。

　「賃料減額請求権は権利ですから、その行使を理由に賃貸借契約を解除できないことはわかります。でも、本件はあまりに酷くありませんか」

賃借人の訴状をみると、過去３回の訴状が、証拠も含めて、訴訟提起の年月日の記載を除いて同一です。なんと、賃料減額の根拠となる不動産鑑定書も６年前の書類のままです。６年前の不動産鑑定書など、弁護士が代理人を務めるならば、常識的には提出することすらおそれるでしょう。

また、賃料減額請求事件は、調停前置であり（民事調停法24条の２第１項）、調停を経ないで本訴が提起されると、裁判所は、原則として事件を調停に付すことになります。そうでありながら、賃借人は、３度も、「話し合う余地はない」と主張していきなり訴訟提起をしています。

賃貸人は、賃借人に対して、あまりに人をバカにした態度ではないかと怒り心頭です。

結局、賃貸借契約の更新時期が近く、信頼関係破壊以外にも正当事由が存在したので、賃料減額請求の調停には応じず、建物明渡訴訟を提起しました。

もし賃借人がこのような姿勢をとらなかったら、わざわざ賃貸人が訴訟提起をすることはなかったと思われます。


## 訴訟中に罵詈雑言を浴びせ続ける賃借人

舞台は、賃料減額（調停）から建物明渡訴訟に移行しました。そこでの賃借人の答弁書・準備書面の内容は、驚くべきものでした。

「賃貸人は、地域では嫌われ者、嘘つきとして有名な人物であり、とうていコミュニケーションがとれる人物ではない。したがって、事前の話合いに意味はない。だからこそ、賃借人は調停ではなく、何度も訴訟を提起をするのである」

「賃貸人は、更新拒絶の正当事由として家族との同居を挙げる。しかし、賃貸物件であるマンションのある地域は、都内でも有数の治安及び教育環境の悪い地域である。そのようなところに家族を招いて住もうとすること自体、賃貸人の人間性の悪さを証明するものである」

訴訟における賃借人の言動はあまりに稚拙でした。準備書面に認否を記載せず、主張する抗弁が法的な抗弁となっていなかったため、裁判官が準備書面の書き直しを命じたほどでした。

それ以上に見るに耐えなかったのが、上記のような賃貸人に対する罵詈雑言でした。名誉毀損で反訴されても仕方のないような内容でした。

賃貸人側は、更新拒絶の正当理由の1つに信頼関係破壊を挙げていたところ、建物明渡訴訟の中で賃借人が反論を主張すればするほど、賃貸人と賃借人の信頼関係がすでに破壊されていることを裏付ける結果となりました。

極めつけは、裁判官からの和解の打診に対し、賃借人が「最近私は尋問の機会がないので、和解の成否は尋問後に行いたい」と述べたことでしょう。何のための尋問でしょうか？　このような態度で、裁判官の理解を得られるはずがありません。裁判官はあきれて、尋問は不要であることを告げました。

結局、裁判では賃貸人側にかなり有利な立退料が提示されました。裁判官が、信頼関係破壊の法理を理由に賃貸借契約終了の主張に制限をかけることをほのめかせることもありませんでした。賃貸人は、「もし賃借人があそこまで私をあおらなかったら、裁判官も私に同情的にならなかったでしょうね」と話しました。

この賃借人を反面教師として、不動産賃貸借に関する裁判を受任したら、依頼者の受任後の姿勢も賃貸借契約継続の可否に影響することを意識しなければならないと痛感しました。

| 体験談 2 |

# 信頼関係は築くのも破壊されるのも難しい

弁護士 11 年目　女性

## なかなか破壊されない信頼関係

　不動産事件の相談において、賃貸借契約を解除したい（もしくは解除されそうだ）という場面に遭遇することは、比較的多いのではないでしょうか。例えば、「賃借人が賃料を払ってくれない」ことや、「ペット禁止の物件なのにペットを飼っている」ことなどを理由に、賃借人に立退きを求めたいという賃貸人からの相談を受けた方もおられるかと思います。

　収益物件を多く手掛ける不動産業者のような複数の賃貸物件を管理する依頼者であれば、賃貸物件からの立退請求の経験も豊富で、あまり問題とならないかもしれませんが、個人オーナーや、立退請求の経験が多くない小規模の不動産業者からの相談においては、単に契約条項に違反しただけでは賃貸人から賃貸借契約の解除をすることは難しいことを丁寧に説明する必要があります。なぜなら、賃貸人の中には、賃借人の行為に契約違反が認められれば当然に賃貸借契約を解除できると思っている方も多いからです。

　逆に、相談者が賃借人の場合、"法律は賃借人を保護している" というインターネットなどで得た断片的な知識を軽信し、自分が立ち退くことになるかもしれないことを全く想定していない方もいらっしゃいます。賃借人からの相談においては、場合によっては、立退きを前提とした解決を模索すべき可能性もあるという説明をする必要もあります。

　いずれにせよ、相談者は自分に有利な情報しか耳に入っていないことがあるので、その場合には多角的な視点を与える意味でも丁寧な説明を

することになると思います。

　賃貸人側から賃貸借契約の解除を行う場合、解除事由の存在とともに信頼関係破壊の有無を検討する必要があるのは当然ですが、信頼関係の破壊はいわゆる規範的要件であり、いかなる場合に信頼関係が破壊されたといえるかについては、明確で一義的な基準はありません。借地借家法上の「正当の事由」などと同様、評価根拠事実と評価障害事実の総合考慮により判断されるものであり、多くの先例を踏まえて判断されることになるため、弁護士としては、相談を受けた事案における事実関係を幅広く拾い上げて検討するのみならず、過去の先例を十分に調査のうえ、依頼者に慎重に方針を説明することが肝要でしょう。

## ケース①信頼関係が破壊されていなくても……

　以前、担当した事件で、借地権と土地上の建物（以下「本件建物」といいます）を所有している依頼者が、地主から、借地権の一部無断譲渡及び無断転貸を理由に、借地契約の解除を求められたという訴訟がありました。

　地主の主張によると、依頼者が本件建物を増築した際、建物の所有名義を娘婿と共有にしたことが一部無断譲渡にあたるとし、また、無断転貸については、依頼者が本件建物に娘夫婦を住まわせ、自分は息子夫婦の家に移り住んだという主張のようでした。

　しかし、建物を娘婿との共有名義にしたことについては、賃貸人の承諾を得ていました。また、無断転貸についても、確かに依頼者は息子夫婦の自宅に行くことがあったが、基本的には本件建物に娘夫婦と暮らしていたので、無断転貸をしたとはいえないと考え、無断譲渡の事実も無断転貸の事実もないという主張を行いました。

　その後、何度かの書面のやり取りと人証調べを経た後、裁判所から借地及び建物を地主が買い取る方向で和解を検討できないかとの勧告がありました。

130

当方としては、立ち退くとしても引越し費用が必要であるほか、本件建物の建築にかかった住宅ローンが残っていたため、それらを加味した金額として、3,000万円の立退料の支払いを和解の条件としました。他方、地主の提案は1,500万円と大きな開きがありました。

裁判所が選任した不動産鑑定士による鑑定結果を受け、裁判所から提案のあった和解案は1,800万円でした。その案であれば、当方は、住宅ローン残額を差し引くと、とても新たな物件を取得することができなかったため、もはや判決で決めてもらってよいと裁判所に伝えました。その後、地主側から立退きを求めないことを前提とする和解案などが提案された後、最終的には、地主が2,500万円で借地権及び同建物を買い取るとの内容で和解が成立しました。

当初、当事者双方に2倍の金額もの大きな開きがあった和解案が当方に有利な形で合意することができたのは、おそらく裁判所が地主側に対して厳しい心証を開示してのことでしょう。今回の件で依頼者は住み慣れた本件建物を離れる結果となってしまいましたが、立退料で新築のマンションを購入できたので満足しているとの声も聞けました。

この事件では、いくつか当方に不利な証拠もありましたが、信頼関係破壊の点では、破壊を否定する当方の主張の方が筋が通っていると考えていました。ただ、規範的要件である信頼関係の破壊について、裁判所がどのように考え、さらに当方に不利な証拠をどのように評価するかなど不確定な要素も多く、私も、最初の打合せの段階から、立退料と引換えに引越すという結論も十分にあり得るとの説明をし、依頼者にその覚悟をしてもらっていました。結果として、信頼関係が破壊されたかどうかの心証を裁判官から開示されないまま、和解で結審しました。当初は立退きを拒絶していた依頼者から満足の声をいただくことができましたが、信頼関係の破壊が問題となる事案では、明らかに信頼関係が破壊されたといえる事情がある場合でなければ、慎重な説明が必要だとあらためて感じました。

## ケース②信頼関係破壊事由を探せ！

　逆に、依頼者が賃貸人側の事件では、依頼者が、オフィスとしての使用を目的として物件を賃貸していたところ、賃借人がレンタルスペースとして第三者に貸しているため、契約を解除したいという相談でした。

　確かに、無断でレンタルスペースを経営して第三者に貸しているとなれば明白な無断転貸にあたるので、契約の解除事由に該当しています。ただ、私は、この事情だけで裁判所が直ちに信頼関係が破壊されたと認定するかどうかまでの確信が得られず、仮に裁判にまで発展した場合にも耐え得るさらなる要素が必要だと感じていました。そこで、ほかに有利な事情がないかどうか調査すべく、依頼者とともに現地に行ってみると、レンタルスペースとして第三者に貸し付けているのとは別に、部屋の中に喫茶コーナーを設けて簡易的なカフェを営業していることもわかりました。オフィスとして貸している物件で飲食店経営を行っていたのですから、明らかな用法遵守義務違反です。そこで、賃貸人の代理人弁護士として、内容証明郵便により、無断転貸とともに用法遵守義務違反を賃借人に指摘して契約を解除すると伝えると、ほどなくして賃借人は本件物件を明け渡しました。

## あらゆる可能性を視野に

　このように、信頼関係が破壊されたかどうかは、明確で一義的な基準がないため、相談を受ける初期の段階では的確な判断を示すことが困難なケースにしばしば直面します。受任後に相手方から思いがけない主張が出てきたり、ケース②のように、現地調査を行ってみたら新たな事情がわかることもあります。さらに、ケース①のように、訴訟が進み和解期日になれば、裁判官から"ここまでの争いになったら今までどおり住むこともできないんじゃないか、和解で合意をした方がよいのではないか？"と和解を促されるかもしれません。賃貸借契約の解除について相

132

談を受けた場合、賃貸人であっても賃借人であっても、十分に事実と先例の調査を行い、あらゆる可能性を視野に入れたアドバイスを行う必要があるでしょう。

## ワンポイントアドバイス

◎　賃貸借契約の解除の場面では、当事者と法律家とで解除の感覚にずれがあるように感じることがあります。賃貸人からの相談に対しては、契約違反があっただけでは解除できない場合があることを伝え、賃借人からの相談であれば、立退きを視野に入れた方がよい場合もあり得ることを丁寧に説明する必要があるでしょう。

◎　信頼関係破壊は現時点までの継続的な関係が評価されます。紛争が顕在化した後も相手方との信頼関係を破壊する行動をとることは避けなければいけません。ましてや、相手方の名誉を傷つけるような訴訟行為はもってのほかです。

## □ 民泊から考える弁護士のアドバイス

　民泊は、シェアリングエコノミーの一部として脚光を浴びています。しかし、今までは簡易宿所に該当し、旅館業法上の許可を得なければ違法な運用とされていました。違法な民泊が増加するのは、旅館業法上の許可を得るのが困難だったからです。つまり、簡易宿所の営業許可をとるには、消防法上の要件をクリアしたり、条例によっては玄関帳場（いわゆるフロント）を設ける必要があったりしましたが、そのような設備を設けることは一般の住宅では困難でした。

　しかし、空室を気軽に有効活用できる一方で、旅行客が安く宿泊できるウィンウィンな仕組みが人気を呼び、瞬く間に日本国内で広がりをみせました。ある不動産業者は、私に、民泊は違法かもしれないけれど、皆やってるよと悪びれもせずにおっしゃっていました。

　そのような需要とともに違法民泊が増え、民泊運営業者が違法な営業により逮捕される事件も生じる中、民泊に関する法制度を整えた住宅宿泊事業法が平成29年6月9日に成立しました。

　しかし、同法は、旅館業が適用される「人を宿泊させる営業」と民泊を区別するべく民泊について1年間の営業日数を180日に制限する旨を規定しています。しかし、実際に180日の制限を守る民泊運営業者がどれだけいるか、誰がどのようにして180日を超えた民泊運営をチェックするのかなど、その実効性に疑問点はあります。

　住宅宿泊事業法の成立前、弁護士の中には、民泊も賃貸借契約を締結して、同時に解約合意書を作成しておけば大丈夫だよ、などと言っている方もいて、その論理の乱暴さにびっくりしたこと

134

もあります（今思うと冗談だったかもしれません）。しかし、旅館業法の適用される「人を宿泊させる営業」については、①施設の管理・経営形態を総体的にみて、宿泊者のいる部屋を含め施設の衛生上の維持管理責任が営業者にあると社会通念上認められること、②施設を利用する宿泊者がその宿泊する部屋に生活の本拠を有さないことを原則として、営業しているものであることという要件を満たすものは旅館業にあたると考えられており、契約の形態のみでは判断されません（「旅館業に関する規制について」厚生労働省資料4-1、http://www.mlit.go.jp/common/001111877.pdf）。例えばウィークリーマンションの場合、週単位の賃貸借契約の締結ともとれますが、他方では長期の「人を宿泊させる営業」ともとれます。そのため、ウィークリーマンションのほとんどは旅館業法の許可を取得していると聞いたことがあります。

　弁護士として、違法な運営を適法にできる方法があれば助言していくことが必要ではあります。しかし、クライアントから、もし自分の物件を提供して民泊を運営したい、ただ年間180日の制限があると商売にならない、かといって簡易宿所の許可をとるのも難しい、どうにかならないかとの相談があったような場合には、違法な運営についてノーという勇気も弁護士には必要です。

## Method

# 15 | 賃貸借の明渡し

▶ **お願いだから出て行って**

――不動産賃貸借の終了の場面においては、さまざまな法律関係が問題となる。争いようのない賃貸借契約の終了（解除）原因があっても、訴訟に発展することは珍しくない。正当事由の有無を争われ、立退料を求められることもあるだろう。また、賃貸借契約終了に争いがなくても、原状回復義務の範囲が問題となることがある。

### 体験談 1

## 立退料を払いたくない！

弁護士 5 年目　男性

### 引換給付判決を求める時期

　「賃貸借契約の期間が満了しているのに、どうして立退料を支払わないといけないんですか。できる限り立退料を支払いたくないので、訴状には絶対に立退料を支払わないと書いてください。それと、1 日も早く実家に帰りたいので、できるだけ早く裁判を進めてください」

136

遠方のご実家（マンション１室）を知人に貸していたところ、その後に事情が変わって、ご自身が実家に帰って住みたいという賃貸人からのご相談です。賃借人である知人に対して、期間満了を期に明渡しを求めたところ、立退料の支払いを求められてしまったとのことでした。しかも、裁判でなければ明け渡さないというところまで知人との関係がこじれてしまったというのです。

「絶対に立退料を支払わないとなると、勝てる裁判も勝てなくなります。それに、１日も早く実家に帰ることが優先でしたら、なおさら立退料を提示した方がよいですよ」

建物の賃貸借の解約の申入れは、正当の事由があると認められる場合でなければすることができません（借地借家法28条）。

賃貸借契約の期間満了に基づく建物明渡訴訟において、立退料の申出は正当事由の有無を判断する重要な要素となります。賃貸人が複数の賃貸物件を管理している不動産業者であれば、契約期間満了に基づく解約の申入れに立退料が必要なことをよくご存知です。

しかし、居住していない実家を貸し出している今回の相談者のようなケースでは、賃貸人は賃貸物件の明渡しの経験がない、もしくは少なく、借地借家法に詳しいわけでもありません。弁護士は、立退料以外の正当事由が存在すると考えられる場合でも、立退料の支払いが必要になる可能性を賃貸人である依頼者に十分に説明しなければなりません。

賃貸借契約の期間満了に基づく建物明渡訴訟では、賃貸人が請求の趣旨で無条件の明渡しを求めた場合でも、立退料を支払う旨の申出をすれば、裁判所は引換給付判決をすることができます。

もっとも、裁判官は、賃貸人が請求の趣旨で無条件の明渡しを求め、後に立退料を支払う旨の申出をした場合は、賃貸人に対し、引換給付判決を求める旨の請求の趣旨を予備的に追加するよう求める運用が多いようです。

## 立退料の鑑定を依頼する？

「立退料が必要ということはわかりました。ですが、不動産鑑定士に立退料の鑑定を依頼すると、鑑定費用が高いですよね。立退料の提示に鑑定書はどうしても必要ですか？」と聞いてくる依頼者に対して、私からは、「必ずしも鑑定書は必要ではありません。ただ、立退料の金額を提示する際は、立退料の要素（引越し費用、賃料差額等）を考慮して根拠を示した方がよいですね」と説明しました。

立退料の提示に、鑑定書は常に必要というわけではありません。鑑定によらず、立退料の要素を参考に、賃借人に立退料を提示することは十分あり得ます。実際、交渉の段階では、不動産鑑定書付きで立退料を提示される方が珍しいと思われます。

しかし、紛争が訴訟まで発展している段階において、依頼者に金銭的な余裕があるなら、不動産鑑定士に立退料の鑑定を依頼することが望ましいでしょう。証拠として提出する鑑定書が裁判官を説得する資料となり得ることはもちろん、後々、裁判所が鑑定人として選任する不動産鑑定士の鑑定評価に影響を与える効果が期待できるからです。

さらに、あらかじめ依頼者に、どの程度の立退料が必要かを想定してもらえる効果も期待できるでしょう。

ただ、立退料の評価は不動産鑑定士によって大きく差が生じ得ますし、その他の正当事由の有無によっても立退料の金額が変動することに注意が必要です。

## 不動産鑑定士に依頼する時期

「裁判が始まってから裁判所の選任する不動産鑑定士（鑑定人）に鑑定を任せる方法ではダメですか。期待どおりの鑑定が出なかったときに不動産鑑定士に依頼する方が安上がりではないですか」と、依頼者からは不動産鑑定士への鑑定依頼を渋る意見がまだ出てきます。

確かに、裁判が始まった後、裁判所の選任する不動産鑑定士（鑑定人）が立退料を鑑定するというケースがあります。その場合は、鑑定人の費用を原告・被告で折半することもありますので、自ら鑑定を依頼した場合と比較して、不動産鑑定費用の負担を減らすことができます。ご相談の件のように、居住用の物件の場合は、店舗の場合よりも立退料が高額になる可能性が低いといえ、費用対効果を考えれば、裁判所が選任する鑑定人に鑑定を任せることが必ずしも間違いとまではいえません。

しかし、裁判所が選任した鑑定人の鑑定した立退料が期待外れの金額だと判明した後に、当事者が不動産鑑定士に鑑定を依頼して自分に有利な鑑定評価を得ようとすることはあまりおすすめできません。

なぜでしょうか。

立退料の鑑定は不動産鑑定士の個性が強く反映される場合があるうえ、自己に有利な前提事情を提示しがちな依頼者からの鑑定依頼を受けた不動産鑑定士は、依頼者に有利な立退料を鑑定しがちです。このことは裁判官も強く意識しています。ですから、裁判官が一方当事者の不動産鑑定士の鑑定を鵜呑みにすることはまずありません。

このような事情を踏まえると、裁判所が選任した鑑定人の鑑定結果を弾劾するために当事者が提出した鑑定書を、裁判官が素直に受け入れる可能性は非常に低いと考えられます。また、裁判所が選任した鑑定人が鑑定後に当事者から提出された鑑定書を見て、鑑定をやり直すことも期待できません。

このように考えると、どうせ不動産鑑定士に依頼する余裕があるなら、早期に依頼することをアドバイスした方がよいでしょう。

```
体験談 2
```

# 訴訟提起時に必要な準備

弁護士 8 年目　男性

## 明渡部分の図面ってどうやって用意するの？

　事務所の顧問会社役員の娘さん（以下「依頼者」といいます）から、賃貸物件の明渡請求をしたいとの相談がありました。依頼者が所有する一軒家を賃貸しているところ、賃借人が賃料の不払いやその他の問題行動を起こしているので出て行ってもらいたいとのことでした。賃料不払いの月数から考えて、賃料不払いを理由に解除は認められるであろう事案でしたので、ボスは、そのとき弁護士登録後間もなかった私にこの事件を任せてくれました。私としても、明渡請求認容は間違いないと思えた事件であったため、1 人でできるだろうと思い、主担当として、賃借人への解除通知の発送、訴訟提起の準備等を 1 から始めることにしました。

　依頼者から事情を伺っていると、敷地内には自動車 2 台分の駐車場のスペースが存在することが判明しました。そのため、明渡訴訟を進めるには、建物全体と駐車場の双方が明渡しを求める部分であることがわかる図面が必要になりました。私は簡単に「建物だけでなく駐車場部分の面積もわかる図面を用意してくださいね」とお願いしたのですが、「えっと……先生、私は持っていないのですけれど、図面はどうやって用意すればよろしいでしょうか」と聞かれてしまい、即答できなかった私は適当な理由を付けて折返し対応にしてもらいました。そこでボスに相談したところ、「あの物件は知り合いの不動産業者から購入しているから、そこに連絡すれば設計・建築時の図面があると思う」と教えてもらえたので、図面についてはことなきを得ることができました。

　このように、建物とともに土地の一部の明渡しを求める場合は、明渡

140

部分の特定と訴額算定のために、土地の一部についても場所と面積がわかる図面が必要になります。また、建物だけでなく土地の固定資産評価証明書も必要ですから、これらの書類は解除通知発送の前から準備をしておくとよいでしょう。

## 執行補助者の探し方と執行費用の交渉

　賃借人は賃貸物件に高齢の両親と住んでいるとのことなので、勝訴判決が出ても、すぐには退去に応じてもらえず、明渡しの断行まで必要になる可能性がありました。その旨を依頼者に説明したところ、費用と時間をかなり気にされている様子でした。その点、あらかじめ、普段から事務所でお願いしている執行補助者におおよその費用を聞いてありましたし、明渡しまでの期間の目安も調べておきましたので、私から説明したところ、依頼者は安心されたようでした。私の場合は事務所でよくお願いしている執行補助者がいたのでよかったですが、本件のように断行まで予想されるケースの場合は、あらかじめ執行補助者を準備しておくことが必要です。執行補助者の心当たりがない場合は執行官に紹介してもらうことになりますが、その場合は執行補助者に支払う報酬額や手際のよさ等が事前にわかりません。いわゆる即独をした友人の弁護士は、他の事件でお世話になった不動産業者や交流会で知り合った産廃処理業者の社長から紹介してもらったと言っていました。その弁護士の話では、知り合った執行補助者は、キャンセル料がかかる時期や任意で明け渡された場合の金額について柔軟に交渉に応じてくれるようでした。懇意にしている執行補助者がいない若手弁護士の方は、会派の先輩弁護士に相談してみたり、上記の友人弁護士のような方法で探してみたりするとよいと思います。

## 「先生、任意明渡しでも鍵は交換しておきましょう」

　このケースでは、すぐに明渡認容判決が下り、早速明渡しの催告に行くことになりました。すでに催告の際には引越し準備に取りかかっており、賃借人の両親は2週間後までに退去すると約束してくれたので、明渡期限に再度様子を見に行くと賃借人の車がなく、中ももぬけの殻でしたので、安心して帰ろうとしたところ、一緒に来た開錠技術者が「一応鍵を交換しておきますね」と言って鍵の交換作業に入りました。私としては、電気・水道も止まっていたので安心していましたが、確かに再度占有されるとまた1からやり直すことになってしまいますので、賃借人が任意に明渡しをした場合でも早急に鍵は取り換えた方がいいでしょう。

　こうして、私の初めての賃貸借終了に基づく明渡請求訴訟はつつがなく終了しました。賃料不払いをする賃借人から滞納賃料を回収することは非常に困難であり、早期に明け渡してもらって新しい賃借人に借りてもらわなければ賃貸人の損害は膨らむばかりですから、賃料不払いを理由とする明渡訴訟はとにかくスピードが大事です。弁護士登録から間もない時期に、本件で一連の手続きをスムーズに行えたことは、それ以後の明渡事案対応の自信につながりましたので、今でも貴重な経験の1つだったと思います。

体験談 3

# 出て行ってはくれたが……

弁護士 9 年目　女性

## 最初は簡単な電話相談でした

　ある日、事務所の顧問先から電話がありました。「先生、うちの会社で持っているマンションの賃借人が、バルコニーやクロス、フローリングを大分汚損した状態で退去しちゃったみたいで。国交省のガイドラインは私も読んでいまして、修繕費用は敷金から引いても大丈夫ですよね」という相談でした。私は、「ガイドラインにもあるとおり、賃借人の故意、過失、善管注意義務違反による汚損を修繕するのであれば大丈夫ですよ。写真も見ていないので一般論にはなってしまいますけど……」などと、平成 23 年 8 月国土交通省住宅局「原状回復をめぐるトラブルとガイドライン（再改訂版)」（以下「ガイドライン」といいます）どおりの回答を伝えました。その依頼者はなかなかせっかちな方でしたので、会話に深入りせず、「それだけでも聞けてよかったです。ありがとうございます！」と電話が切れました。

## 突然の訴訟提起

　しばらくして、その依頼者から再度電話がありました。「例の件、訴状が届きました」という報告でした。事務所で話を聞いてみると、以下の事実がわかりました。
　・本物件の賃借人はとある株式会社であり、従業員に宿舎利用させることが賃借の目的であった。

・本物件の月額賃料は 13 万円。預かり敷金は 3 か月分 39 万円（1 か月分の敷引特約あり）。

・賃貸借契約は 8 年続いた。

・賃借人が負担すべき修繕費用を計算したところ、約 50 万円になった。そのため相殺のうえ敷金返還はゼロ、という措置をとった。

依頼者は、どうやら先日の私との電話の後、本来は損害賠償請求したいところだが、長年借りてもらったことを考慮のうえ敷金ゼロ清算を解決案として提示していたようです。しかし賃借人は、敷金を全く返還しようとしない依頼者の措置に納得いかず、全く話にならなかったようです。そこで、賃借人が採算度外視で代理人を付けて訴訟提起した、という流れのようでした。

訴状をみると、訴額は 39 万円で敷金を満額返せという請求内容でした。

## ガイドラインに従っていなかった？

敷引特約 1 か月分があり、かつ賃借人が消費者契約法による保護の対象とならない法人ですから、敷引特約の有効性は手堅く、本件の実質的な訴額は 26 万円であったといえます。

「ガイドラインを読んでいる」、という依頼者の話を信頼していた私は、安易に本訴訟の見通しを楽観視していましたが、実際に証拠写真を見せてもらい、驚きました。

まず、クロスは確かに画鋲の穴が複数開けられていたり、家電の設置場所付近が変色していましたが、過度に破れたりタバコのヤニで黄ばんでいる様子もなく、証拠写真上はせいぜい通常損耗があるようにしか見えませんでした。フローリングも、小さな傷が 2 か所ありましたが（この傷の修繕費用などたかが知れています）、その他は家電類の設置による凹みが複数あるだけでした。明らかに 50 万円の修繕費用請求は高いという印象を受けた事件でした。

144

なぜ50万円もの修繕費用が発生するのかを尋ねてみると、「先生、貸したときは真っ白なクロスでフローリングもピカピカ、バルコニーもきれいだったのです。クロスにある画鋲の穴、色やけ、フローリングの凹み、どれも賃借人が回避できた汚損です。善管注意義務違反だと思いますので、新しく取り換える費用を被告に負担してもらおうと思いました」という説明でした。

つまり、依頼者は、ガイドラインに具体的に例示されている通常損耗と特別損耗の区別ができていないうえ、契約期間8年間の経年によりそもそも価値自体が低下している点も修繕費用算定にあたって全く考えが至っていないようでした。確かに、よく考えれば、ガイドラインは170頁以上もありますので、法律家であってもその体系的理解には骨が折れます。依頼者が、ガイドラインを誤って理解していたのはやむを得ないのかもしれません。

## 意外に残っていない証拠がある？

この話にはもう1つ問題点がありました。クロスについては貸渡し時直前に新調したことがわかる明細資料があったのですが、貸渡し時（8年前）におけるバルコニーやフローリングの状態については、古いということで一切の写真、修繕明細等が存在していなかったのです。依頼者と長年付き合いのある不動産業者にも資料は残っていませんでした。確かに、賃貸借契約の終了時点では、フローリングには傷があり、バルコニーも相当程度の汚れが付着しており、このまま次の賃借人に貸し出せる状態ではないことは間違いないのですが、貸渡し時の状況と明渡し時の状態の違いを明らかにする確固たる証拠が一切存在しない、という状況でした（依頼者は、「新品同様だった」という主張）。訴訟でも、裁判官から、「貸渡し時におけるフローリングとバルコニーの状態が判然としませんね」という指摘を受けました。

なお、本件は、訴額が低額であることと、修繕費目が細部にわたり訴

額に比して裁判官の判断に労力を要するためか、第1回期日から司法委員を交えて和解を強く勧められた事件でした（一般的に、細かい原状回復義務が争いになる訴額の低額な事件の場合は同様の進行になりやすいと思います）。和解協議の場では、依頼者側に貸渡し時の室内状況に関する証拠が一切残っていない点が、司法委員及び裁判官の和解説得材料の1つになってしまった、というのが正直な感想です。


## スッキリしない和解解決

　結局本件は、敷引特約は有効であることを前提に、残り26万円のうち、依頼者がその約4割にあたる11万円を返還する形で当事者双方が和解するという痛み分けの結果で終わりました。

　本件は、訴額が低いため、訴訟で必要となる弁護士費用を考えると、訴訟に持ち込まれるよりも不合理ではない範囲で一定額の敷金を返還した方が時間的にも経済的にもメリットが見いだせる事件でした（本件にかかわらず、敷金返還トラブル一般において、同じことがいえると思います）。しかし、遡って考えれば、1番最初に電話相談を受けた時点で、依頼者にガイドラインの概要をもう少し深く説明することができていれば、依頼者と賃借人の交渉がもう少し現実的な内容になり、訴訟リスクを大幅に軽減できていたかもしれません。何とも心がスッキリしない和解であったことを覚えています。

146

## ワンポイントアドバイス

◎　立退料の給付が不可避と見込まれるケースで、不動産鑑定士に立退料の鑑定を依頼するなら、早期がよいでしょう。裁判所が選任した鑑定人の鑑定の後に不動産鑑定士に立退料の鑑定を依頼することは、あまりおすすめできません。

◎　建物や土地の一部について明渡しを求める場合には、対象を特定するための図面が必要になります。

◎　明渡しの断行まで予想されるケースでは、あらかじめ執行補助者を準備しておくべきでしょう。

◎　原状回復をめぐる争いでは、明渡し時の物件の状態と比較するために、貸渡し時の物件の状態を確認できる写真等の資料（証拠）が重要となります。

## Method 16 | 明渡しの断行

▶ 餅は餅屋

──「明渡強制執行は費用がかかります」

依頼者にこう説明しない弁護士は皆無であろう。

だが、実際に断行にまで至る事件は意外と少なく、弁護士でも未経験という人が少なくない。法的手続きとはいえ、断行の手続きが具体的にどのように進むかは、実際に経験しないとイメージがなかなか湧かない。

以下の体験談をもとに、具体的な手続きの流れや費用感について実感していただければと思う。

### 体験談 1

## 明渡交渉から断行まで

弁護士 4 年目　男性

### 法律相談から受任まで

「近隣住民からの苦情が多い」という大家さん（Xさん）からの相談でした。聞くと、父親の代からアパート経営をしているが、2階の1室

を賃借している Y さんは、犬を何匹も飼っており、その糞尿を 2 階から外に向けて垂れ流し放題、賃料も滞納がちで、管理人が掃除など対応しているもしきれないので退去してもらいたいとのことでした。

　現場の状況を撮影した写真や、賃料の振込状況がわかる通帳の記載を確認したところ、X さんと Y さんとの間の信頼関係が破壊されていることは明らかであると判断しました。

　そして、Y さんの職業は不明であること、管理人からの呼びかけには一切応じないことなどからして、任意に明渡しに応じてもらうことは困難である可能性が高いこと、そうなると訴訟を経て明渡しの強制執行をする必要があること、その場合の費用は弁護士費用及び実費で 100 万円を超えることもあり得ることを説明し、X さんの了解を得たことから、まずは任意の明渡しを図るべく受任しました。


## 任意交渉

　早速、Y さんに対して、契約解除の意思表示をする内容証明郵便を発送しました。

　1 度は保管期間満了により返送されてしまいましたが、2 度目は無事に配達されました。もっとも、Y さんより連絡はありませんでした。

　この時点で、断行を覚悟し、X さんにあらためて説明を行い、訴訟提起の手続きに移行しました。


## 訴訟提起

　訴訟提起にあたっては、古い建物ではっきりした図面がなかったため、訴額の算定について書記官とやり取りを繰り返しました（明渡しの対象部分の特定の問題については Method15 の体験談 2 （「訴訟提起時に必要な準備」）も参照）。

公示送達ないし付郵便送達となるであろうという予想に反し、1回で訴状の送達ができました。もっとも、その後は、これも予想どおりでしたが、欠席判決となりました。


## 強制執行の申立て

判決確定後すぐに、強制執行を申し立てました。予納金は6万5,000円です。

じきに執行官室より連絡があり、朝9時前くらいに裁判所2階で打合せを行いました。

執行官には、建物の状況などXさんから聞き取った内容を伝え、そして上記の契約解除の通知書を発送してから本申立てに至る経緯をざっと説明しました。執行補助者の選定は執行官にお任せをし、裁判所を後にしました。

その日のうちに執行補助者より連絡があり、あらためて状況を説明するとともに、明渡催告の日程を調整しました。当日は念のため開錠技術者にも同行してもらうことにしました。


## 明渡催告

執行官、執行補助者数名及び開錠技術者ら数名で、現場近くで待ち合わせをしました。待ち合わせといっても、建物のすぐ前に駐車場があり、執行官らは物々しい様子で集まっていたので、すぐに判別ができてしまいました。

午前10時30分前に、皆で入り口ドアの前まで行きました。2階の部屋ではありますが、1階に入り口があり、付近は伝え聞いていたとおり悪臭が立ち込めていました。Yさんが在宅している気配はありましたが、執行官が大声で呼びかけたり、ドアをノックしたりするも応答がないた

150

め、開錠技術者が開錠し、部屋内に向かって再度呼びかけたところ、Y
さん本人が出てきました。本人確認をして、占有認定は完了です。

　断行までに任意に退去をする機会を与える旨を執行官から説明をしま
したが、Yさんは「その日暮らしで引越し代などない」と言い返してき
たり、私に対しては「賃料は払っているのになぜ出る必要があるのか」
「憲法上の権利はどうなってるのか」などと抵抗をしてきました。行政
の保護も求められることまで説明しましたが、Yさんは引き下がりませ
んでした。

　結局、執行官とその場で打合せのうえ、断行期日を約1か月後に決定
し、その旨を宣告した告示書を渡したところ、Yさんは憮然として家の
中に入っていきました。


## 断行

　その後、執行補助者との間で、明渡催告の際の請求書、断行の際の見
積書などのやり取りをしました。数匹いた犬を引き取ってもらう場合の
費用の見積を受けたりしましたが、並行してペットショップなどに引き
取ってもらう段取りなど、全て執行補助者にお任せでした。そうして断
行の日を待ちました。

　断行当日は初夏の暑い日の午後でした。明渡催告の日とは比べ物にな
らない物々しさで、執行官をはじめ執行補助者の従業員やアルバイトら
しき人たちと合わせて約20名で時間を待ちました。

　いざ執行となり、開錠技術者が開錠するやいなや一斉に家財道具かゴ
ミかわからない物の搬出が始まりました。しばらくしてYさんは行政
の用意した車に連れていかれました。

　犬は結局6匹いましたが、「保管に適さない等やむを得ない事由があ
る」としてその場で売却手続きをとりました（売主は債権者）。売却金
額はたったの1,800円でした。

　およそ2時間後、全ての物を搬出し終え、鍵を付け換え、執行調書に

署名をして断行は完了しました。

　後日、執行調書謄本が送達され、執行補助者より執行費用や物の保管費用についての請求書が送付されてきました。断行費用は合計で約80万円でした。これら支払いについてはXさんに対応してもらい、裁判所より予納金残金数千円が返金され、事件は終結しました。


## 執行補助者はまさにプロ

　執行官面接のために裁判所2階に行くと、廊下やら部屋やらに少し迫力のある人々が多く立っています。彼らこそ、「執行補助者」です。具体的にはよくわかりませんが、彼らは大勢いる執行官とそれぞれに太いパイプをもち、おそらく得意分野ごとに、あるいは懇意である順に執行官より指名を受けて、明渡催告から断行まで全ての物理的な業務を敢行します。

　開錠技術者の要否、動物の有無などはごく基本的な確認事項であり、その他、どのくらいの人員が必要か、どのような道具が必要となるかなど勘所は全て押さえています。

　弁護士は「先生」などと一応敬意は示されますが、彼らにとってはド素人にすぎません。当然ながら、彼らに偉そうな態度はとるべきではありませんし、そもそも執行官指定なので相見積をとるという観念がないので、金額が高いので値切る、などということも想定されていないと思われます。

　せめて、明渡催告時の占有認定がどのように行われているのか、断行時の売却の手続き、そしてもちろん全体の費用感など、執行補助者にバカにされない程度の知識は押さえておきましょう。

## 体験談 2

# 断行は迅速かつ慎重に

弁護士 5 年目　男性

## そんなに費用がかかるんですか？！

　ある日、知り合いの税理士の紹介で、ビルのオーナーがご相談にいらっしゃいました。会社勤めをしながら、親から相続したビルを賃貸していたところ、あるテナントの賃料の支払いが遅れがちになり、ついにストップしてしまったとのことです。滞納はすでに 3 か月分に達していて、この期間、テナントの社長に何度か電話で催促したものの、少し待ってほしいの一点張りで、一向に支払いはなく、だんだんと電話に応答しなくなったそうです。そして、ここ 2 週間ほどは事務所内に人がいる気配がないそうです。

　お話を聞いていて、任意交渉による明渡しは難しい可能性が高いと感じました。そこで、早期に明渡訴訟を提起するべきであること、訴訟をしても相手が欠席したまま手続きが進み、強制執行までする事態となり得ることをお伝えしました。そして、これからかかる費用、時間を一通りご説明したところ、「相手が何も反論しなくても、こんなに時間がかかるのですか。こちらでかけた費用は回収できるのですか」とおっしゃいました。このようなケースでは、訴訟提起の段階で、強制執行をする場合のおおよその費用までご説明します。①予納金（東京地方裁判所では基本額 6 万 5,000 円）、②執行補助者の明渡催告時の日当（個々の執行補助者によって異なりますが、約 2〜3 万円）、③断行時の執行補助者の作業料がかかることをお伝えしますが、断行時の作業料が 1 番高額で、かつ見通しを立てるのが難しい部分だと思います。住居であれば、ワンルームで 20〜25 万円、少し広く 1LDK になれば 30〜40 万円で、部屋

153

数が増えれば当然それに応じて金額が大きくなりますが、依頼者には「通常の引越し代よりやや高額な金額を想定してください」と言っています。他方で、明渡しの対象物件が店舗や事務所の場合は、広さ、利用状況、内部に残された備品の量などによってかなり異なるので、依頼者からできる限り詳しく事情をお聞きして、懇意にしている執行補助者におおよその目安を聞いて、依頼者には少し多めに伝えるようにしています。

　賃料を滞納されて日々損害が発生し続けている中で、賃借人に出て行ってもらうのにさらに費用と時間をかけなくてはならないことは、貸主からすると、納得し難いことです。また、本件のような場合は、明渡しが実現できても、未払い賃料や強制執行の費用の回収は難しいことも依頼者に説明しなくてはなりません。そこで、本件の依頼者には、未払いの賃料等の金銭的損害の回復ももちろん試みるものの実際には回収は難しいこと、ただし、このまま何もしないと損害は増えていくばかりなので、とにかく早急に明渡しを実現して次のテナントに入ってもらい、賃料収入を得るという健全な状態に戻すのが最善だと思いますとお話し、受任することとなりました。


## 執行官は事情を知らない

　まずは賃借人に対して解除通知を出したうえで早期に訴訟を提起する方針を定め、賃貸借契約書等の資料をお預かりするとともに、現場の調査報告書を作成するよう依頼者にお願いしました。

　解除通知を本店所在地である対象の物件に送っても受け取る人がいないので、社長の自宅住所宛に送りましたが、受領はされたものの、何の応答もありませんでした。訴訟においても、賃借人は答弁書も提出せず、全く出廷しないままに終結し、明渡しを認める判決が確定しました。

　そこで、粛々と強制執行の申立てをして、執行官面接の期日が決まりました。面接の際には、明渡催告期日の日程、当日の流れを確認するこ

とになるので、執行補助者にも同行してもらいます。面接の時点では、執行官の手元にあるのは判決調書や和解調書等の債務名義のみで、訴訟の準備書面や証拠は一切目にしていないので、対象の物件に人がいるのか、現在も営業をしているのか、残置物がどの程度あることが見込まれるのか等、現場の状況について執行官に説明できるよう準備しておく必要があります。そこで、本件でも、写真や現場報告書を参考資料として持参して、執行官に渡しました。また、明渡催告期日に現場に行ってから何か問題が発覚すると、執行不能となるおそれがあり、時間と費用をさらに要することとなるので、何か懸念点があるのであれば、この時点で執行官に説明し、追加の資料等の提出を求められれば対応して、万全の状態で明渡催告期日に臨むようにします。


## 執行官、執行補助者は断行のプロ

　明渡しの催告期日が到来しました。いつものように、15分前に現場に到着すると、執行官、執行補助者等はすでに到着していました。「本日、鍵の交換はされますか」と執行官に聞かれて、面接の際に後日連絡しますと言ったまま、執行補助者に開錠技術者の手配をお願いするのを忘れていたことに気づきました。執行補助者に事情を説明したところ、現場の近くにいて、執行が終わるまでに来られる方をすぐに手配していただけたので、ことなきを得ました。

　依頼者からスペアキーを受け取って、執行官、執行補助者が中に入ります。私に続いて、依頼者も入ろうとすると、執行官からいったん外で待つように指示されました。執行官が一通り中の状況を確認した後、許可が出たので、依頼者にも入ってもらいました。

　明渡催告期日に1番忙しいのは執行補助者です。手際よく残置されている動産を箱に詰めていきながら、数量及び価値があるものについては評価額をメモして目録を作成します。ときおり造作等が貸主によるものなのか、借主によるものなのか確認しながら作業は進みます。内部の設

備等の確認が必要になることもあるので、明渡催告期日の際は、建物内部の設備などを知っている貸主自身や管理会社の方に立ち会っていただくことをおすすめします。

　現場を確認している過程で、明渡しの対象となっていない共有部分に、債務者が置いていったと思われる物がみつかりました。対象物件内の残置物ではありませんが、執行官がこれについても、一定期間、執行補助者が保管することを条件に、搬出することを認めてくれました。

　残置物の箱詰め作業が完了して目録も完成し、鍵の交換も完了しました。施錠して、最後に入り口の扉に張り紙をして、明渡催告期日の手続きは終わりです。入り口が表通りに面している場合などは執行官が上から紙を被せるなどの配慮をしてくださることもあるので、そのような要望があれば伝えてみるといいと思います。

　債務者が建物に出入りしている場合ですと、張り紙を見て連絡してくることもあるのですが、本件は断行期日まで結局1度も債務者から連絡がないままでした。

　断行期日において、目的外動産については、即時売却の手続きをとり、債権者が買い取りました。大抵の場合、執行官が買受代金と保管料との相殺を認めてくれて、実際に売買代金のやり取りはしないのですが、相殺せずに、買受代金を実際に納めるよう求める執行官もいるそうです。私自身はこのようなケースに遭ったことはないのですが、この話を聞いてから、念のため動産の評価相当額の金銭を債権者に用意してもらうようにしています。このときも準備してもらっていましたが、相殺処理がされたので、支払うことはありませんでした。


## 断行にならないための努力、なった場合の準備の両方を

　建物明渡事件において、断行まで実施すると費用が相当かかるので、最後の最後まで任意の明渡しを求める交渉を続ける結果、実際に断行ま

で実施するのは一部だと思います。そのため、断行はそう頻繁に経験できることではありません。他方で、執行官と執行補助者は日々そのような案件を扱っていて、どんな弁護士よりも場数を踏んでいますから、わからないことや懸念点は相談するといいと思います。こちらが敬意をもってきちんとした対応をしていれば、執行官も法的な枠組みの中でより負担の少ない方法がとれるよう、いろいろと策を練ってくださいます。依頼者には、費用と時間をかけることもやむを得ないと説明して手続きを進めているのですから、弁護士の不手際で余計な時間がかかってしまっては依頼者に顔向けできません。初めての断行の場合もそうでしたが、何件か扱って、手続きを一通り把握したと感じた頃こそ、あらためて、念には念を入れた準備が大事だと感じます。

## ワンポイントアドバイス

◎　賃貸借の明渡請求は、依頼者が、手続きをとることを躊躇していると賃料相当損害金の損害が日々膨らんでいくので、早期の決断と、迅速な手続きの着手が重要です。

◎　断行まで実施するには費用がかかるうえ、執行補助者に支払う費用は実際にやってみないとわからない部分があるので、その点は十分に依頼者に説明しましょう。

◎　執行補助者は明渡し断行のプロであり、「素人」である弁護士は、執行補助者に敬意をもって接し、わからないことや懸念点があれば相談するといいでしょう。

◎　現場に行って問題が発覚して執行不能という事態にならないよう、執行官面接時には、わからないことや懸念点を執行官、執行補助者と共有しておきましょう。

157

## □ 建物明渡しと弁護士の立会い

　賃料滞納や用法違反等に基づく建物明渡請求事件を受任した際、事件の進行によっては、賃借人が任意に建物を明け渡すことも多くあります。

　建物の明渡しは、弁護士が立ち会わず、当事者間で執り行うことも不可能ではありません。

　しかし、紛争になっている事案については、できる限り弁護士が立ち会うことが望ましいと思います。

　明渡しに際しては、原状回復費用の算定のために、賃貸人（あるいは委託業者）により、現状が確認されることが通常です。

　紛争にまで発展している事案ですと、その際に、汚損破損が当初からのものであるか否か、賃貸人と賃借人の人的な関係のもつれ等で言い合いになり、トラブルになってしまうケースもあります。

　そのため、私は、賃貸人側、賃借人側のいずれの立場であっても、明渡しの際には立ち会うようにしています。

　また、賃貸人（あるいは委託業者）は通常1名から2名で建物の現状を確認することが多いですが、短時間で、汚損・破損箇所を漏れなく見つけ出すことは困難ですので、賃貸人側の弁護士も賃貸人とともに建物の汚損箇所等を確認することで、漏れを少なくすることができます。

　特に賃借人の場合には、弁護士が立ち会うことはより重要になります。

　賃借人は、明渡しの際、明渡確認書類等に署名押印を求められることが通常ですが、特に賃借人の代理人はその内容にも気を配る必要があります。

実際に、賃貸借契約の終了原因に争いがあったものの、以降の賃料発生を免れるために任意での明渡しを行うことになった事案で、明渡し日に賃貸人から提示された明渡確認書類には、事前に認めたわけでもないのに、賃貸人が主張していた終了事由により契約が終了したとの記載があったこともあります。

　賃借人側の弁護士が立会いをせず、依頼者のみで明渡しを行った場合、その内容に気がつくことは難しかったと思います。

　最後に、一方の弁護士のみ立会いをしていると、弁護士が立会いをしていない依頼者は自分の弁護士が相手方の弁護士に比べて働いていないと思ってしまうことも考えられます。

　他の業務との関係で、立会いが難しいこともあるかと思いますが、できる限り立会いをすることをおすすめします。

## Method

# 17 | 借地

## ▶ 強い？ 弱い？ 借地権

——借地権に関する事件は少なくないため、参考になる書籍も多く、きちんと調査検討をすれば、大抵の事件は、適切に対応することができるだろう。しかし、借地権は、かなりの長期間にわたり権利関係が続くものであり、そこに登場する人間関係を抜きにしては語れない。そこで、人間関係にまで配慮した事件対応をしないと遺恨を残すことになるので気を付けなければならない。

### 体験談 1

# 法定更新は借地人にとって有利なのか

弁護士 3 年目　男性

### 法定更新はおすすめか？

　土地所有者である A 氏の依頼を受け、借地人 B 氏との間で、更新料の交渉を行ったときの話です。この A B 間の借地関係は、双方の先代の頃から、かなり長い期間続いているものの、法定更新が繰り返されて

きたとのことで、古い契約書しか存在していませんでした。そして、その古い契約書には、更新料の定めがありませんでした。また、A氏とB氏の先代の頃から、1度も更新料が支払われていなかったようでした。

A氏は、AB間の借地契約の更新の時期が近づいてきたため、B氏に対し、更新料を支払うよう求める手紙を送りました。しかし、B氏は、「法定更新の場合には、更新料は支払わなくてよいと、インターネットに書いてあった」と主張し、更新料の支払いを拒否してきました。確かに、B氏の主張は、法的には誤っていないものの、あまりおすすめできる対応ではないと思いました。そこで、「法定更新となった場合、今後、増改築や借地権譲渡の際には、相応の対応をすることになる」との趣旨の連絡書面を送りました。しかし、それでもB氏は、更新料を支払うことを拒み、法定更新を選択し、更新料は支払わないというスタンスを崩しませんでした。

その後、若干の交渉を続けたものの、B氏の交渉態度には、全くといっていいほどに、更新料を支払う意思を感じることができなかったのですが、A氏としては裁判手続きによってまで支払わせるつもりがなかったため、更新料の請求は諦めるものとしました。


## 法定更新の落とし穴

それから1年ほど経った頃、B氏は、どうしても借地上の建物を現金化したい事情ができたようで、C氏に借地権を譲渡したいので、A氏に対して、借地権譲渡を承諾してほしいと求めてきました。そして、B氏は、その借地権承諾料の算定資料として、BC間の借地権付き建物の売買契約書を提示してきました。その契約書には、A氏の借地権譲渡の承諾が得られることを条件とすること、半年の間にA氏から借地権譲渡の承諾を得ることが定められていました。

A氏は慈悲深い人であったため、B氏との関係が良好であれば、B氏がお金を必要としていることを汲んで、早々にB氏が提示した売買価

格の1割の承諾料で、借地権譲渡を承諾していたものと思われます。しかし、A氏としては、更新料に関する交渉の際のB氏の態度に不満があったため、承諾をすることに難色を示しました。

そこで、借地権譲渡の承諾をめぐって交渉が始まりました。

当然ながら、B氏は、売買価格の1割を承諾料として支払うので、承諾してほしいと求めてきました。しかし、A氏は、その金額に納得しなかったため、その金額を上げるための交渉を行いました。具体的には、BC間の借地権の売買契約が、交渉に失敗して安い値段で売却することになっているだけであり、実際には、借地権の客観的価値はもっと高額と評価されるべきであり、その客観的価値の1割を承諾料として支払うことを求めました。さらに、そのようにして算定した承諾料に加えて、今まで未払いだった更新料相当分を支払うよう求めました。

B氏としては、そのような金額は払えない（払いたくない）ようで、何とかもっと低額に抑えてほしいと、お願いをしてきました。その後も、折り合いがつかず、交渉が長引くことになりました。このように、双方の歩み寄りができないままに、BC間の借地権売買契約で定められた、A氏から承諾を得なければならない期日が近づいてきて、借地非訟手続きによるとしても明らかに間に合わない時期になってしまいました。また、B氏としては、本件借地権付き建物を購入してくれる者をC氏以外にはみつけることができなかったようで、C氏を逃すと、本件借地権付き建物を売却できるあてがなくなってしまうようでした。

そのため、最終的にはB氏が折れる形となり、A氏に対して、借地権譲渡の承諾料に加えて、1回分の更新料相当額以上の金額を上乗せして支払うこととなりました。

法定更新とせず、きちんと話合いのうえで、合意更新をしていれば、更新料以上の金額を上乗せされずに済んだものと思われます。

法定更新の場合は更新料を支払わないで済むという法律論と、実社会においてその判断がどのような結果を引き起こすかは別問題であることを、私はあらためて再認識しました。単に法律上の理屈のみでアドバイスをして、依頼者に不測の損害を負わせることのないように、気を付け

なければならないと心に刻んだ事件でした。

```
┌──────────┐
│ 体験談 2 │
└──┬───────┘
```

# 紆余曲折はあったけど

弁護士 5 年目　男性

## 簡単な法律相談

　親の代より数十年間にわたり、都内一等地を賃借している X さんより、賃貸人である大手土地開発会社より契約更新を拒絶されたので途方に暮れているという相談が舞い込みました。

　当時、私はまだ駆け出しの弁護士であったにもかかわらず、ボスの信頼を一身に受けていたのか否かはわかりませんが、1 人でこの相談への対応を任され、X さんの話を聴くことになりました。X さんは少し年配の方で、大要、土地や家に思い入れはあるものの独り身であるし転居しても構わない、しかしながらただ出て行けと言われてもたまらない、との意向です。

　私は内心わかりやすいケースだなと思い、賃貸人の更新拒絶には正当事由がないと考えられるので出ていく必要はない、先方がどこまで本気で立退料を積んでくるか次第で対応を考えればよいとアドバイスしたところ、我が意を得たりという表情の X さんよりすぐに交渉窓口に立ってほしいと依頼を受けるに至りました。

163

## 委任契約締結の失敗から契約の終了

　私は、事務所の基準に従い、手間のかからない交渉事なのでまあいいかと、着手金報酬ともに規定の額で契約書を交わしたところ、ボスより呼び出しを受けました。ボスは顔を紅潮させ、この契約はなぜこうなったのか、という説明を私に求めました。もうおわかりでしょう、私はいわゆる典型的な「おいしい事件」であることにピンとこないまま、ボスの感覚ではあり得ない廉価で契約を締結してしまったのです。ボスは、こういう事件は少なくともこうでああで、と口惜しそうに何度も私にとつとつと説明し、言葉遣いこそ穏やかながらその目は私を責め続けていました。

　ともあれ、顧問でもなく、まさか委任契約書を締結し直すなんてできませんので、契約内容はそのまま維持して、相手方との交渉がスタートしました。相手方代理人に対しては、まずは金額を提示してほしい、提示がされるといやまだ全然足りない、再度の提示に対してはらちが明かないので代替物件を探してほしい、と交渉は完全に当方優位で進みましたが、交渉開始から約1年後、結局相手方が諦め、「次回更新時に提案があればする」とのことで、事件は収束をみました。

　当然報酬は発生しなかったものの、私は内心、交渉はまとまらなかったし大きな金額が動かなかったので契約ミスは帳消しになったと、胸をなでおろしていました。


## 再契約

　その約半年後、Xさんより連絡があり、相手方代理人が交渉窓口を確認してきているとのこと、再度依頼したいとのことでした。

　私は汚名返上、千載一遇のチャンスとばかりに、Xさんに対し、「前回交渉はそれなりに長期間対応した」「かくなるうえは調停となる可能性も高いので、それなりの費用をいただきたい」として、ボスの期待を

裏切らない契約にこぎつけました。

　報告時にボスの目が輝いていたことは言うまでもありません。

## 交渉難航からの調停、事件解決へ

　しかしながら、ホッとしたのも束の間、Ｘさんの心から当初の柔軟さが消え、代替地をあてがってもらうことしか考えられない、となってしまっていました。それもそのはず、相手方代理人は前回の交渉における最終提案金額より少ない金額を立退料として提示してきたからです。相手方の経済事情はあれ、誰も納得はできないでしょう。

　事件は結局、調停に戦場を移すことになりました。調停では、これまでの交渉経緯のおさらいから始まり、その後は希望金額の開きを調整することに終始しました。申立てから約半年後、なぜそこまで時間がかかり、あるいはそれまでに不成立とならなかったかは記憶が定かではありませんが、果たして、相手方（申立人）からＸさんが満足するに足りる金額が示され、成立にこぎつけたのでした。

　その後は、決済、引越しの段取り、明渡立会いまで代理人として任にあたり、Ｘさんからは気持ちよく報酬をいただき、めでたしめでたし、という次第です。

## 本件事件について

　本件は、土地の開発業者という巨人からの、そこにしか生活の本拠がない初老の一個人に対する更新拒絶、明渡請求という、正当事由が全く見いだせない事件でした。

　依頼者の意向によっては、弁護士など入る必要もない、ただ出ませんよ、と言っていればよいくらいの事件でしたが、ご説明のとおりＸさんは当初柔軟な意向であったので、受任をすることになりました。

165

おわかりのとおり、ここでいう立退料とは「正当事由の補完事由」ではなく、単に相手を額かせるに足りるものか、という金額です。有責配偶者からの離婚請求と同じですね。

不動産関連事件は、大きな金額が動くことが多いので「おいしい事件」であると認識される方が多いでしょう。反面、さまざまな知識や市場感覚を動員しなければならないので、それなりに手間もかかります。ですが、本件については、法律的にはあっという間に片が付いており、依頼者の意向に沿って相手方に対して駄目出しをしていればよいという類の事件であり、（それゆえ）私に低額での委任契約を締結させてしまったのです。

確かに、必ずしもミスとはいえないかもしれません。ですが、これから独立し経営側に回る皆様にとっては、いただくべきものをいただけるときにいただく、というのはある意味で死活問題です。

日々、ボスや先輩の話に耳を傾け、その嗅覚を磨いていただければと思います。

## ワンポイントアドバイス

◎　法律上は法定更新をすれば更新料を支払わなくて済みますが、実務的には、当事者間の関係悪化など長期的観点からのアドバイスを意識することも必要です。

◎　借地の立退料の算定は、裁判例が多数蓄積しているものの、個別具体的な事情によって大きく左右されます。任意交渉であっても、算定方法、相手方の賃料の問題などさまざまな要素に左右されます。安易な皮算用は禁物です。

## □ 建物明渡しの強制執行にかかる費用

建物明渡しの法律相談では、弁護士報酬以外にどれくらいの費用がかかるのかという質問を受けることが多々あります。そのような質問に答えるための参考として、おおまかな目安をご紹介します。

まず、執行官に対する予納金が必要になります。予納金は、東京地方裁判所の場合、基本額が6万5,000円です。

次に、明渡催告日に、執行補助者と開錠技術者の日当にあたる費用が発生します。双方とも2〜3万円程度です。

断行日には、作業指揮者や作業員の日当にあたる費用、運搬用の車両の費用、資材費などが、執行補助者の費用として発生します。小さなマンションだと総額20〜30万円程度のこともありますが、広いマンションだと総額50万円を超えることもあります。いくつか、見積りの実例を示してみます。(なお、必ずしも部屋数や居住人数が多いほど費用も高くなるわけではありません)

＜2LDK 2人暮らしのマンションの例＞

| 作業指揮者 | 2人 | 70,000円 |
|---|---|---|
| 作業員 | 10人 | 280,000円 |
| 運搬用車両 | 2台 | 70,000円 |
| 資材費等諸経費 | | 50,000円 |
| 消費税 | | 37,600円 |
| 合計 | | 507,600円 |

＜4LDK ３人暮らしの木造２階建ての一軒家の例＞

| 作業指揮者 | １人 | 25,000 円 |
|---|---|---|
| 作業員 | ２人 | 40,000 円 |
| 運搬用車両 | １台 | 25,000 円 |
| 資材費等諸経費 | | 20,000 円 |
| 消費税 | | 8,800 円 |
| 合計 | | 118,800 円 |

　断行日にも、開錠技術者の費用が２～３万円程度必要になります。また、鍵交換の費用も、１～３万円程度必要です。

　遺留品の保管・廃棄にも費用がかかります。金額は、遺留品の量に応じて決まることになります。荷物が少ない場合には数万円程度で済むこともありますが、荷物が多めの一軒家だと、100万円を超えることもあります。

　費用のうち大きなウエイトを占めるのは、断行日の執行補助者の費用と、遺留品の保管・廃棄費用です。しかし、実際の事案でどのくらいの金額になるかは、本当にケースバイケースのため、一般論としてのアドバイスはしにくいというのが実情であり、多量の遺留品が見込まれるケースなどでは、依頼者に適切な情報を提供するために早めに見積りをとるなどした方がいいかもしれません。費用について質問を受けた際には、この点も依頼者にきちんと説明し、理解を得て、心積もりをしてもらうようにしましょう。

## Method

# 18 | 販売・仲介業者の責任追及

▶ **追えない負わない仲介業者**

――不動産売買は、買主にとっては一生に1度きりの買い物であることが多い。高額な取引であるゆえ、不動産引渡し後に、買主から、売主や仲介業者に対し、「不具合がある」「説明すべきことが説明されていない」などと指摘がなされるケースも少なくない。不動産売買の場面において、弁護士としてどのようなことに気を付けるべきであろうか。

### 体験談1

## 投資用マンショントラブルの留意点

弁護士6年目　女性

### 投資用マンションという言葉は よく耳にしていたけど……

　弁護士2年目の頃に受任した事件であり、依頼者は不動産販売業者でした。同社は、自社所有マンションまたは他社所有マンションを投資用として販売することを主な業務として営業していました。なお、他社所

169

有マンションについても販売広告を出し、実際に買い手がついた場合に他社から当該マンションを仕入れ、最終的に自社物件として販売します。そもそも当時、私は、「投資用マンション」という言葉こそ耳にしたことはありましたが、どのようにマンション経営が行われるのか、その経営モデルの理解が浅かったように思います。

　投資用マンションの経営モデルとしてよく見かけるのは以下の内容です（あくまで一例です。もちろん、購入したマンションを転売して売却益を狙うモデルもありますが、個人にはあまり勧められることのない投資方法ではないかと思います）。

①居住用マンションの1室を購入します。管理費、修繕積立金、固定資産税等の固定費は、所有者たる買主が支払います。

②ただし、買主自身は当該マンションに居住せず、第三者に賃貸します。長期間にわたり賃料収入を得ることが目的となります。

③毎月確実な賃料収入を得るために、不動産業者との間で転貸承諾込みの賃貸借契約を締結することも多いです。この場合、不動産業者が転借人を探すことになります（不動産業界では、このスキームは「家賃保証」などと呼ばれることもあります。賃借人は、当該マンションの売主自身であることも多いです）。不動産業者に転貸させるスキームの場合、間に不動産業者が入る分、相場よりは若干賃料収入額は減るものの、長期間にわたり安定した賃料収入を得ることが見込めます。そのため、実質利回り期間が経過してもなお賃料収入が継続していれば、理論上は経済的利益を得られることになります。

④買主は、不動産収入を得ることになるため、給与所得者の方も毎年確定申告を行うことになります。

　確定申告においては、不動産所得を計算する際に、購入マンションの減価償却費を経費計上することになります。そのため、理論的には、支払った購入代金相当額のマンションを自己の手元に置いておきながら、毎年減価償却費に相当する経費分の節税効果が見込める、というメリットがあるとされています。

170

## 買主の勝訴見込みは低い？

　以上がよく目にする投資用マンションの経営モデルの一例です。私も過去、投資用マンションの販売に関するトラブルを、売主側で複数社から受任したことがありますが、いずれも、概ね上記経営モデルの説明が買主に対して行われていた事件でした。

　私が受任したトラブル事例では、

・経営モデルについて説明が足りなかった。

・必ず利益が出るなどという断定的判断を提供していた（消費者契約法4条1項2号）。

・投資用マンションを所有するにあたり、不利益事実が告げられていない（消費者契約法4条2項）。

・威迫行為があった（宅地建物取引業法47条の2第2項、民法96条1項）。

　いずれも売買契約成立後、しばらくしてから買主が上記主張を行い、契約解除・取消しを求めてくるものでした。

　投資用マンション経営では、毎月の収支そのものは赤字になる（賃料収入額＜ローン返済、管理費・修繕積立金、固定資産税、減価償却費等）ことも多く、家賃保証をいつまで続けてもらえるかわからない、マンション自体の価値がいつ下がるかわからない等、買主のさまざまな不安も紛争の背景にあることが多いだろうと感じます。

　弁護士であれば、買主側において、訴訟で上記のような主張・立証を行い勝訴判決を得ることが容易ではない、もしくは困難を伴うことが少なくないであろう、ということは想像に難くないだろうと思います。

　特に、売主側においては、販売説明の際、収支一例として販売物件または類似物件における毎月の収支シミュレーションを作成し、買主に毎月の収支説明を行うことが一般的であるため、このシミュレーション表が残っていれば、収支目安は買主に説明済み、理解を得られている、という主張が大変行いやすいです。ただし、シミュレーションが独り歩きしては困るということで、シミュレーション表による収支見込みの説明

は行うものの、シミュレーション表を買主に交付しない、というケースもあります。未交付の事例では、証拠提出されたシミュレーション表であっても、本当に説明に用いられたシミュレーション表であるのか否か、という争いも生じ得ますが、どちらにせよ、説明に用いた収支シミュレーション表が売主の手元に残っていれば、売主側の主張・立証活動は大変進めやすいといえます。


## 和解で終わるケースもあります

しかし、交渉、訴訟段階を問わず、売主勝訴が見込める場合であっても、売主自ら柔軟な和解をすることもありました。過去に取り扱った、もしくは検討した和解方法として、

⑴ 当該マンションを売主が現ローン残高で買い戻すケース

⑵ 売主が仲介となり、現ローン残高以上であることを前提にマンションの任意売却を行うケース

⑶ 売主が自ら当事者となって新たな買い手を募集のうえ、現ローン残高以上で新たな買い手がみつかることを条件に、不動産業者が現ローン残高で当該不動産を買い取るケース

などがありました。売主勝訴が見込まれる事件において、訴訟係属中、裁判所から⑵の和解を勧められたこともあります。売主側において上記の各和解方法で実際に和解し、または和解の俎上に載せることになった理由は、ローンの支払いに不安を覚える買主側の要望を概ね満たす和解内容であるとともに、売主側においても経済的メリットがある程度見込めたためです。⑴⑶については、現ローン残高以上で転売できる見込みがあるマンションであれば和解に応じるメリットがあるといえます。⑵においても、売主が仲介手数料を得られるというメリットがあります。

もちろん、事案によるとは思いますが、買主側の勝訴見込みが薄い事案であっても、さまざまな和解方法により解決した事例があるということを紹介させていただきました。

> **体験談 2**

# 仲介業者の責任あれこれ

弁護士8年目　男性

## はじめに

　仲介業者を当事者（被告）とする事件は多数経験しましたが、印象深いところでは被告として2件、原告として1件あります。

## ケース①瑕疵ってむずカシい

　築数十年の中古マンションの売買をしたY社に対し、買主であるXが、物件には水道の流水不良＝排水管の閉塞があるとして瑕疵担保責任に基づく損害賠償を、あわせて説明義務違反に基づく損害賠償を求めた事案です。

　Y社は買い受けた物件をリフォームして、自らが売主となって「新築同様」と銘打って売却したという事案でした。

　Xより動画などの証拠が提出され、確かに流れがかなり悪い（シンクにいったん水が溜まっている）様子、正直「やばい」と思いました。

　しかしながらそこは強気に、Y社の抗弁としては、そもそも瑕疵にはあたらないということはもちろん、説明義務違反の主張に対しては、そもそも瑕疵と認識していない以上説明できるはずがないというものでした。後者の主張を補強するため、Xが瑕疵があると主張する箇所は大規模修繕でしか対応できないということも主張しました。

　なお、契約書ないし重要事項説明書には瑕疵担保責任免除特約が規定されていましたが、Y社は宅地建物管理業者であったため、宅地建物取

173

引業法 40 条により同特約は無効となります。

　また、訴額はふっかけられたような金額であったので、Y 社に別途見積りをとってもらうことにより損害額についても当然争いました。

　期日は合計 10 回、全て口頭弁論期日でしたが、それまでポーカーフェイスであった裁判長が 8 回目くらいになって突然、「古いマンションなんだから瑕疵にはあたるはずがないでしょう」などと X 代理人を失意させるに余りある決定的な心証を吐露し、和解を試みましたが成らず、Y 社の完全勝訴で確定しました。

　本訴から受けた教訓は、「専門業者の責任は重いが、それ以上に瑕疵の立証は困難」です。


# ケース②忘れ難き記憶

　更地の売買契約が、買主 X の融資決裁が間に合わず結局 X により解除され、その後仲介した Y 社が責任追及された事件です。

　Y 社担当者は、X の書類の準備が後手後手となり、都度連絡をして書類を直接届けるなど対応しており、融資特約の期限も売主に掛け合い延長してもらうなど苦慮していたのですが、2 度目の期限にも間に合わないことが確定し、それを事前にきちんと説明しなかったなどとして責任を問われました。

　メールや携帯電話の発信履歴などから、担当者の努力の跡がよくわかりましたので、よもや責任を問われることはない、頑として請求をはねのけるという方針をとり訴訟に突入した次第です。

　ところが訴訟では、事実経過が争われる中で、売買金額決定の経緯が問題となり、詳細は省きますが、裁判官は Y 社が金額の上乗せを提案した、という心証を固めてしまったようでした。すると、そこから旗色が突然悪くなり、こちらとしてはあまりに子細な事情の指摘や、単なるボタンの掛け違いではないかと思う細かな連絡ミスの指摘などがなされるようになりました。

私から期日のやり取りの報告を受けたＹ社担当者は当然、私自身も裁判官が全くの誤解をしていると感じ、人証調べも行いましたが、裁判官の心証が変わることはなく、最終的に断腸の思いで敗訴的和解勧試に応じ、訴訟は終結しました。

Ｙ社にとっては、いわゆるローン条項付きのごくごく一般的な売買契約で、相応の努力をしたものの、買主自身の問題で解除され、それを買主から逆恨みされたものです。しかし、裁判官には理解してもらえませんでした。今でも苦々しい記憶がまざまざとよみがえります。

本訴から受けた教訓は、「勝敗は兵家の常。ただ裁判官次第」。

## ケース③瑕疵って何なのカシラ？

飲食店店舗を、厨房設備などを買い受けつつ居抜きで賃借したＸからの依頼です。

開店後間もなく、店内で虫の発生が気になるようになり、専門業者に調べてもらったところ、厨房施設の床下に設置されているグリストラップ（油水分離阻集器）の汚れ及び、そこからトイレにまでつながる排水管の破損、漏水が原因であるとのこと、すぐに営業を停止し、厨房設備の売主並びに賃貸借契約及び売買契約両方の仲介業者を相手に、瑕疵担保責任ないし債務不履行責任（調査義務違反及び説明義務違反）を根拠に、損害賠償請求を行いました。

被告らは、瑕疵は一切存在しなかった、仮に存在したとしても現状有姿売買（賃貸借）であったことから責任はないと反論してきましたが、Ｘは、配水管全ての下に新聞紙が敷かれていたなどの事実から「知って告げなかった」として再反論しました。これに対しては、被告らからは、Ｘは飲食店経営者として、内覧時にその程度のことは確認したはずである、すなわち認容があったとか、虫の発生は引渡し後のことであるなどの反論がさらになされました。

私は、当該虫の生態についても調べるなどして、主張・立証活動を頑

張ったのですが、途中被告仲介業者から解決金程度の支払いの提示もあったものの、結局人証調べとなり、証拠調べを経た裁判長の心証はノンリケット（真偽不明）、被告らに遺憾の意を表させた和解が成立しました。

「やはり瑕疵の証明は難しい」です。

---

> **体験談3**

# 仲介業者は瑕疵に関する調査義務を負わない？

弁護士7年目　女性

## 不利益な事実を隠す仲介業者

瑕疵物件を仲介業者を通じて買い受けてしまった方からの相談でした。依頼者の話によると、どうやらその仲介業者が売主と仲がよく、他にも複数の取引をしていて、両者が結託して瑕疵を隠して、自分に高値で瑕疵のある物件を売りつけたのではないかとのことでした。仲介業者が不動産の売主と買主の双方から媒介を受けると、仲介業者は売主と買主の双方から手数料を受領できるため、仲介業者は契約を成立させるべく買主にとって不利益な事実を隠すという動機付けが働きがちで、仲介業者が買主にとって不利益な事実を隠す事案は裁判例などでも散見されますが、本件もその典型例のような事案でした。

専門業者に依頼して調査を行ったところ、物理的瑕疵があることが判明しました。また、買った土地に隣接して嫌悪施設があることも判明しました。

## ポイントは「知り得た」

　仲介業者の責任追及を行う場合に、その特殊性として契約責任・不法行為責任に基づく義務のほかに、業法に基づいた義務があることは知っておかなければいけない点だと思います。宅地建物取引業法は、仲介業者に重要事項説明義務などの義務を課しています。業法は取締法規ですが、裁判例では、私法上においても参考にされ、説明義務違反行為が不法行為や債務不履行を構成するとされています。

　仲介業者の責任追及のため、裁判例の検討も進めました。検討を進めた結果、仲介業者の注意義務を肯定する裁判例も多数ありましたが、否定する裁判例も結構多いということに気づきました。注意すべき点は、裁判例は、仲介業者は、特段の事情がない限り、目的物の瑕疵に関する調査、説明義務は負わないとしている点です。裁判例は、仲介業者が瑕疵の存在を知っている場合または知り得る場合には、これを買主に調査、説明すべき義務を負うとしているだけなのです。そうすると、弁護士としては、各瑕疵の内容と個別の事実関係について、裁判例の射程を慎重に見極めながら、仲介業者が「瑕疵を知っていた」かあるいは「瑕疵を知り得た」ということを主張・立証していくことになります。

　仲介業者が「瑕疵を知っていた」ということは仲介業者の主観なので立証は容易ではなく、結局通常の注意を尽くせば外観等から「瑕疵を知り得た」といえることを主張・立証していくしかない場合が多いと思いますし、私の場合もそうでした。仲介業者が「瑕疵を知り得た」ことの主張・立証には腐心しましたが、「こういう事実を仲介業者が知っていれば、通常はそれなりの調査をすべきでしょう」といえる事実や、依頼者と仲介業者とのやり取りがポイントになってくると思います。

## 売主に対する責任追及との切り分けに悩む

　売主と仲介業者の両者を共同被告として訴訟提起することについては、

売主と仲介業者が口裏合わせを行うリスクなども考えられるかもしれませんが、私は、本件では、両者が責任をなすりつけあう過程で当方に有利な事実が出てくる可能性があることや、少なくともいずれか一方からは賠償を受けたいという狙いから、売主と仲介業者を共同被告として訴訟を提起しました。

売主が説明義務違反による損害賠償責任を負い、仲介業者も説明義務違反の損害賠償責任を負う場合の、責任の切り分けの問題（二重に損害賠償金をとれるのか等）が生じます。この点については、私なりの回答はいまだにみつかっていませんが、本件では、仲介業者と売主との一定の関連性をテコに、主位的に共同不法行為責任を追及し、予備的に各自の責任を追及するという構成を採用しました。

上記訴訟については、説明義務違反の有無が真っ向から争われましたが、結局和解にて解決する結果となりました。不動産事件は瑕疵を基礎付ける証拠の取得も難しいですが、法律構成も悩みどころが多いなと本件を通して痛感しました。

## ワンポイントアドバイス

◎　仲介業者は、重要事項説明など契約の前面に出てくるので、その責任は重く、その追及は一見容易そうです。しかしながら、実際には困難を伴います。個別具体的に、物件の状況、説明の内容や方法、取引経緯などを見て慎重に判断する必要があるといえます。

◎　物件に瑕疵があるだけでは仲介業者は原則として瑕疵に関する調査、説明義務を負いません。裁判例では、仲介業者は、仲介業者が瑕疵の存在を知っている場合または知り得る場合にのみ、これを買主に調査、説明すべき義務を負うとしているだけなので、仲介業者が「瑕疵を知り得た」ことを具体的に主張・立証する必要があります。

## Method
# 19 | 境界確定訴訟・筆界特定制度

▶ **境界紛争は怖くない**

——境界問題は、他の不動産紛争と比べると案件の数が少なく、事件対応について相談しようにも、事務所の先輩や同期の友人も未経験であることがあり得る。境界確定訴訟は形式的形成訴訟であるし、筆界特定制度は法務局へ申し立てる制度であるなど、他の事件とは異なる特有の事件類型であるが、きちんと制度を理解し、資料を精査することで適切に対応することは可能だ。

### 体験談1

# 境界がどこかと聞かれたら

弁護士4年目　男性

## 友だちは法務局

　境界確定訴訟・筆界特定制度を利用する場合、まず、資料集めをすることになります。筆界の位置及び形状を判断するためには、さまざまな資料をもとに判断することになりますが、その中でも特に法務局に保管

されている資料が重視されるようです。

　そこで、境界確定訴訟等の事件を受任した場合、該当する土地の周辺の公図、地積測量図、土地の登記簿を取得することになります。そもそも、境界は、問題となる境界ができた時点まで遡って、現在の形状になるまでの経緯を探る必要があります。私が担当した事件では、問題となる筆界が作出されたのは戦前に遡り、しかもその時に1つの大きな土地を20筆以上の土地に分筆していたことがわかりました。登記簿は、時代を遡るにつれ、その種類も現在の登記簿、閉鎖登記簿、土地台帳があります。原始筆界が形成された場合、それらの資料も収集する必要があります。

　これらの登記簿を取得するために法務局に入り浸り、公図を見ながら該当する土地の登記簿を取得していました。いくつの土地に分筆し、また合筆されたかという分合筆の経緯は、登記簿を取得して初めてわかるため、分合筆の経緯を樹形図で表しながら順次取得していきました。


## 専門家はあなたのすぐそばにいる

　登記申請作業をし始めて丸2日。何度かわからない点を質問したりして面識ができた法務局の担当の方（後で聞いた話ですが、登記官を定年退職された方で、現役の頃は若手の登記官の教官も務めていたそうです）から、比較的空いている朝早い時間帯であればいろいろと教えてあげるよと言われ、お言葉に甘え開庁時間に伺いました。その際に教えていただいたのは、分筆を数多く繰り返している土地は、まず公図と土地台帳を取得した方がよいとのこと。土地台帳は取得手数料が無料なので、まず公図と土地台帳で1番古い時点での情報を取得して全体像をつかんだうえで、分筆の経緯を時間軸で追いかけるように取得するのが1番効率的とのことでした。また、登記簿は、昭和35年から昭和46年3月31日までの間に、土地台帳と一元化され（昭和35年3月31日法律第14号「不動産登記法の一部を改正する等の法律」）、それに伴い、一元

化前の登記簿は全て廃棄されているが、その一元化作業が行われた時期が各法務局により異なるため、廃棄された時期を法務局に確認した方がよいとのことでした。そのほか、地積測量図を含む関係資料については、以前は保管義務がなくすでに破棄されている場合も多いが、北海道の地積測量図だけは過去から現在までのものが全て残っているなど、その土地の事件を担当しなければなかなか知り得ない話なども聞けて、思いがけずよい勉強になりました。

　いろいろな専門性をもった人の話は、ちょっとした会話の中でも勉強になることが多くあります。気になったことがあったら、少し聞いてみてもよいかもしれません。もちろん仕事の邪魔にならない程度にですが。

## 集めた資料はどうするの？

　資料を集め終わると、次に、証拠化して裁判所に提出できるようわかりやすい状態にしなければなりません。私がその時集めた登記簿等の資料は、100 通以上に上っていたため、それをそのまま証拠として提出しても、なかなか裁判所には理解してもらえません。

　一区画の土地の分筆の経緯全てを一目で裁判官に伝えるには、やはり図面だろうと考え、私は、公図等の資料をもとに各土地の分筆の時点での土地の形状を示した図面をそれぞれ作成しました。その区域では分筆を 20 回以上繰り返していたため、同じ枚数の図面ができ上がりました。それを過去から順に見ていくことでパラパラ漫画のように分筆の経緯がわかるようになりました。今回は幸い明治時代に作成された旧公図が法務局に保存されていました。旧公図は手書きで作成されている時代の公図で、修正も手書きで行われています。例えば、合筆されれば、それにより消滅した境界は赤字や黒字で×印が記載され、抹消されます。分筆され、別の地番が付される場合には、もともとあった地番が二重線で抹消されます。このように、旧公図は過去の修正箇所が図面上からわかるため、過去の分合筆の経緯を知るための重要な資料となります。

それと同時に、分合筆の経緯を示す樹形図のような資料も作成しました。それにより、どのように分合筆を繰り返したかが一目でわかるようになりました。

　これらの作業は、特に裁判所から求められて行ったものではありませんでしたが、膨大な資料を目の前にして、いかにわかりやすく正確に裁判官に伝えるかという命題に対する1つの回答でした。結果として、裁判官からは分合筆の経緯についての釈明を求められることはありませんでした。


> ## 体験談2

# 2つもある境界確認の方法

弁護士5年目　男性


## どちらの手続きで進めよう？

　「隣の土地の所有者と境界についてもめています。どうしたらよいですか？」

　このような相談を受けたとき、多くの弁護士はすぐに境界確定訴訟と筆界特定制度という2つの手続きがあることを思い浮かべると思います。境界確定訴訟は裁判所に申し立てる手続き、筆界特定制度は法務局に申請して進める手続きというところまではすぐにわかりますが、実際にどちらの手続きがよいかとなると迷う方もいるのではないでしょうか。私も初めて上記相談を受けたとき、どちらの手続きで進めるべきかおおいに悩みました。

## 「境界」にも2種類ある

　まず、土地の「境界」には2つの意味があります。「公法上の境界」（不動産登記法では筆界といいます）と「私法上の境界」です。公法上の境界とは、登記上一筆の土地として記録されている土地とこれに隣接する他の土地との境を意味するのに対し、私法上の境界とは、隣接する土地との所有権の境を意味します。私法上の境界は境界付近の土地の一部について当事者間で売買（合意）したり一方の土地所有者が時効取得したりすることによって変わり得るものですが、公法上の境界は国のみが定めることができるものであり、所有者の合意によって変更できるものではありません。通常、土地は登記上の区画に従って取引・利用されるのが一般的ですので、弁護士に相談に来る事案の多くは、上記のうち公法上の境界に関するものが多いと思われます。

　そして、この「公法上の境界」を決める手続きとして、境界確定訴訟と筆界特定制度という2つの手続きが用意されているのです。


## メリットとデメリットを理解すべし

　境界確定訴訟の最大の特徴は、当該境界に関する紛争を終局的に解決できることです。過去の判例で「客観的な境界を知り得た場合にはこれにより、客観的な境界を知り得ない場合には常識に訴え最も妥当な線を見出してこれを境界と定む」（最三小判昭和38年10月15日民集17巻9号1220頁〔27001991〕）とされているとおり、境界確定訴訟の場合は境界が全くわからないようなケースでも裁判所が妥当な境界を定めることができますし、筆界特定制度において特定された筆界と異なる内容の境界を認定することもできます。反面、筆界特定制度には行政処分性が認められていないため、1度筆界特定制度において筆界が特定された場合でも、その特定結果について当事者が不満をもった場合には別途境界確定訴訟を提起して再度争うことが可能です。土地が高額な場合や当事

者同士が感情的になっている場合には、せっかく筆界特定制度をしたのに境界確定訴訟が提起されたため2度手間になってしまうというケースも十分に考えられるのです。

　しかしながら、当然、筆界特定制度にも利点があります、筆界特定制度の最大の利点は、法務局によって指定される筆界特定登記官に加え筆界調査委員（実務上、法務局は土地家屋調査士を筆界調査委員として任命するようです）や法務事務官など複数の専門家が、妥当な筆界を特定するために主体的に動いてくれる点です。争いになっている境界付近に境界標がある場合など、比較的容易に境界を特定できる事案の場合は上記メリットは大きくないかもしれませんが、境界付近に目印になるようなものがない事案や境界が単純な直線ではない事案など、境界を特定するためにより高度な専門性が求められる事案の場合には、上記専門家が関与して当該土地の分筆に至った経緯等を含めて客観的に調査してくれるのは非常に心強いものです。また、筆界特定制度による筆界特定後に境界確定訴訟が提起された場合でも、実務上、その結果は専門家による客観的判断として境界確定訴訟においても尊重されるため、全くの無駄にはならない（むしろ大きな意義がある）という点も挙げられます。

　私が相談を受けた事件では、相談者に対して両手続きのメリット・デメリットを伝えて協議した結果「筆界特定制度」で進めることになり、無事に相談者・隣地所有者が納得する結果を得ることができました。筆界特定制度で進めるとの判断に至った決め手は、①当該事件では土地の形状が階段状になっており境界が単純な一直線ではなかったため難易度・専門性が高かったこと、②相談前までに当事者間で感情的なやり取りがなかったため、客観的に正しいと思われる筆界が特定されれば境界確定訴訟が提起される可能性は低いと考えられたこと等の理由でした。


## 測量費用に要注意

　なお、上記のように非常に心強い筆界特定制度ではありますが、この

手続きを進めるためには申立人が測量費用（法務局が主体となって行う特定測量費用）を支出する必要がある点に注意が必要です。具体的な測量費用は土地の面積や当該境界の難易度等の個別具体的な事情によるため、あらかじめ申請前に法務局に連絡してどの程度の費用になる見込みか等についても相談しておくのがよいでしょう（明言はしてくれませんが、親切な担当官であれば予想金額範囲は教えてくれると思います）。

## ワンポイントアドバイス

◎　境界紛争は法務局に保管されている資料がとても重要なので、登記簿等の資料をなるべく多く取得し、分析する必要があります。それらを裁判での主張・立証に用いる場合は、図面を作成したり分筆経緯を記した樹形図等を作成したりして、裁判所に伝わりやすくする工夫が必要です。

◎　境界確定訴訟と筆界特定制度にはそれぞれメリット・デメリットがあります。両手続きのメリット・デメリットを伝えたうえで相談者とじっくり協議するようにしましょう。

◎　境界の紛争事件は専門性が高いことが多く、境界確定訴訟・筆界特定制度のいずれの手続きで進めるにせよ、土地家屋調査士など専門家のサポートは必要不可欠です。そのことを依頼者に説明し、適切な協力体制を築いて対応するように心がけましょう。

## Method

# 20 | 登記

▶ **登記も弁護士の仕事？**

――不動産を取り扱う以上、登記の問題を避けて通ることはできない。適切な登記まで完了しなければ、依頼者が目的を達成できないことも多い。登記については専門家である司法書士任せにしてしまいがちだが、弁護士が主体的に判断や対応をしなければならない場合もある。登記で痛い目をみないよう、ある程度アンテナを張っておくことは不可欠である。

> **体験談 1**

## 安直に訴訟を選んで失敗……

弁護士 8 年目　男性

　登記の訴訟といえば、苦い思い出があります。駆け出しの頃に個人受任した事件です。

　受任のきっかけは、知り合いの司法書士からの紹介でした。依頼者が相続した土地建物を売ろうとしたら、実は土地の一部の名義が別人になっていたので、時効取得して、まずは自分の名義にしたいということでした。

　1 番の問題は、その土地の名義が明治時代から動いていなかったこと

186

です。司法書士が戸籍を取得して調査したところ、現在の相続人はなんと 60 人以上。司法書士の見立てでは、個別に同意を得ようとしても、結局は同意してくれない人が出てきて、最終的には訴訟にせざるを得ないだろうとのことでした。それなら最初から訴訟を提起した方が時間と手間を省けるので訴訟を提起してほしい、というのが依頼の内容でした。

## 手紙、そして訴訟

　私もまだ経験が浅かったので、疑問をもつことなく 2 つ返事で引き受けてしまいました。今思えば、相続人への同意を求める連絡は、時間と手間がかかるとしても、絶対に省略してはいけないことでした。
　受任した私は、早速訴訟の準備を始めました。
　いきなり訴えを提起されると被告たちは困惑するに違いありません。そこで、あらかじめ丁寧な手紙を被告たちに送って、提訴を予告しておけばよいだろうと考えました。「土地の名義の問題で困っています。解決するために手続き上必要なので訴訟を提起します。裁判所から連絡がいきますが、裁判所に来ていただく必要はありません。ご協力のほどよろしくお願いします」といったような内容です。
　訴状でも「訴訟費用は原告の負担とする」という裁判を求めました。
　こうしておくことで被告たちに対する配慮も十分だ、そう考えてしまいました。

## 苦情の嵐

　手紙の送付、訴状の提出が終わって一件落着と思ったのですが、問題はそれからでした。
　手始めに、訴状が送達された頃から抗議の電話が複数かかってきて、「いきなり訴えるとは何を考えているんだ」「訴えられるということがど

れだけ重たいことかわかっているのか」と、異口同音に怒られてしまいました。

手紙に書いたような内容をもう1度説明しても、「そういうことを言ってるんじゃない」と火に油を注ぐ始末。

普通の人にとって、訴えられるというのはとても大変なこと。手間を省くために訴訟をするという発想は、簡単には理解してもらえません。そうである以上、そもそも手間を省くための訴訟という発想自体が間違いで、実行に移してはいけませんでした。

何件目かの電話がかかってきたときには、失敗したかなとちょっと後悔していました。

しかも、怒られるのは電話だけでは済みませんでした。

第1回口頭弁論期日。手紙では裁判所に来る必要はない旨書いていたにもかかわらず、被告のうち3人が出廷していました。

案の定、皆さんお怒りのご様子。期日が始まると、被告たちからものすごい剣幕で怒鳴られてしまいました。これにはただただ平謝り。裁判官からも「同意をお願いするとか、もう少し穏便に進めることはできなかったんですかね」とあきれたように言われてしまいました。

その時はなぜか傍聴人も結構いて、恥ずかしい思いをしたのを今も覚えています。怒鳴られはしたものの、結局、出廷した3人の被告については請求認諾という扱いになりました。その他の被告についても、最終的には請求認容判決をもらうことができました。

登記するという目的は達成することができ、依頼者も無事不動産を売却することができたようですが、弁護士としてはとても後味の悪い事件になってしまいました。

体験談 2

# リゾート会員権に潜む罠

弁護士 7 年目　女性

## あれ？　登記が移せない！？

　弁護士を続けていると、次第に他士業の先生の知り合いも増えていくかと思います。そのうち、自身の仕事のスリム化や、「餅は餅屋」「持ちつ持たれつ」等のいろいろな思惑から、例えば税の問題は税理士に、登記の問題は司法書士に、定款や在留許可の関係は行政書士に等、他の士業と連携し、法的に難しい部分について弁護士が担当することになっていくことも、特に個人で仕事をとっている弁護士には多いのではないでしょうか。今回の体験談は、お付き合いのある司法書士から、ある日急に舞い込んできた相談です。

　いつものように仕事をしていると、お付き合いのある司法書士から私に連絡がありました。第一声は、「先生、私が今抱えている案件なのですが、登記を移転することができないのです。どうしましょう？　遺産分割協議書を再度作らないといけないのでしょうか？」でした。それから、さらに詳しく話を聞いてみると、何とも難しい内容の相談だったのです。

## 分割協議のやり直し！？

　遺産分割協議書が作成されているのであれば、協議書の中に不動産の表示がなされているはずなので、私は、司法書士に対して、「遺産分割協議書に記載されていない新たな不動産がみつかったのか？」と尋ねま

189

した。仮にそうであれば、遺産分割協議書に「後から相続財産がみつかった場合」の処理が書かれていなければ、文言にもよりますが、基本的には再度遺産分割協議書を作成する方向で検討しなければなりません。

しかし、司法書士の回答は、少し違っていました。「いえ、遺産分割協議書に記載してある財産で被相続人の相続財産は全てです。しかし、相続財産の中にリゾート会員権が存在しており、その会員権の中に、不動産の区分所有権が含まれていたのです」

つまり、遺産分割協議書の相続財産の記載には、「リゾート会員権について、●●（依頼者）が相続する」とだけ記載してあったのですが、実際には当該リゾート会員権には、近くのリゾートホテルを使用するために、会員権に紐づけて会員に不動産の区分所有権が与えられていたのでした。そのため、その司法書士がリゾートホテルの区分所有権の移転登記手続きをしようとしたところ、法務局から「この遺産分割協議書の記載では、不動産の特定ができていないので、登記の移転ができない」との回答を受けていたのです。

もともと当該遺産分割協議書の作成を担当したのは、依頼者の会社の顧問をしている弁護士だったようなのですが、相続財産の調査が少し足りず、結果として登記が移転できない事態を引き起こしてしまいました。ともすれば、弁護士にとっては、「司法書士の仕事」と捉えがちな登記の移転ですが、遺産分割協議書の作成となると、弁護士も作成に携わることが多いかと思います。

リゾート会員権に含まれる区分所有権、私も見落とす可能性のあるミスだと思い、冷や汗が出ました。

## 考えられる手を全て検討しよう

さて、移転登記の手続きをするには、リゾート会員権に問題となる不動産の区分所有権が含まれていることが確認できればよいので、当然、私のアドバイスとしては、「当該部分について明らかにする形で、遺産

分割協議書を作り直してはどうか」と伝えました。

　しかし、司法書士からは、「先生、相続人の間ではその後にさまざまな事情があり、今は一切連絡をとることができない状況です。仮に再度遺産分割協議書を作り直したいと言うと、何を言ってくるかわからないので、依頼者は絶対に連絡をとりたくないと言っています」との返答を受けました。

　そのため、過去の文献や資料、関係各所への聞き取りを行い、遺産分割協議書を再度作成しない形で何か解決の方法は考えられないか、思案を重ねることになりました。

　そうすると、過去の記録からは、相続人の間では、リゾート会員権の中に当該不動産の区分所有権が含まれていること、それが相続財産に含まれていること、依頼者が相続すること自体は争いがないようでしたので、これはむしろ、依頼者とリゾートの運営会社との関係で考えることができないか、との考えに至り、似たような先例も確認することができました。

　そこで、その司法書士に対して、法務局に登記が移転できない原因を再度確認してもらうとともに、「今回の登記移転について、どことの間で、リゾート会員権の中に当該不動産の区分所有権が含まれていることが確定していればよいのか」という点を確認してもらいました。

　そうしたところ、法務局からは、「リゾート会員権自体を依頼者が相続することは遺産分割協議書からわかるので、法務局としては、そもそも『リゾート会員権の中に当該不動産の区分所有権が含まれていること』を確定してほしい。確認をする主体は、リゾート運営会社で構わない」とのことでした。そのため、リゾート運営会社との間で、公正証書を作成することになりました。


## できる弁護士には仕事が舞い込む！？

　法務局の確認をとった後は、私の方でリゾート運営会社との間で交渉

を行い、公正証書を作成することになりました。

　リゾート運営会社としても、被相続人の名義のままではリゾートを利用してもらうことができず、相続人に（高額の）年間使用料等を今後も支払ってほしい等の思惑があったため、交渉は思いのほかスムーズに行うことができました。

　そして、作成した公正証書と、従前の遺産分割協議書をもとにその司法書士が法務局へ赴いたところ、無事、登記を移転することができたとのことでした。事件としては、これにて終了です。

　その後は、登記が無事移転できたので、私の仕事も終了……と思っていたのですが、少し続きがあり、その司法書士から連絡があり、「依頼者が、是非顧問弁護士をお願いしたいと言っている」とのお話をいただきました。今でもよいお付き合いをさせていただいています。

---

**体験談 3**

# わからないことは、証拠に聞け

弁護士 3 年目　男性

## 証拠を武器に

　どのような分野で活躍するにせよ、弁護士業務において、証拠はとても重要です。どのような証拠が存在するかという情報や、どのように取得するか、取得した証拠をどのように読み込むかというスキルの向上は、弁護士にとって大きな武器となります。

　不動産の分野で基本的な証拠といえば、法務局に備え置かれている不動産登記事項証明書、公図、地積測量図等が挙げられると思います。その中でも不動産登記事項証明書は、弁護士であれば不動産分野以外の事

案でも頻繁に扱う、非常になじみのある証拠といえるでしょう。

## 不動産登記事項証明書を取得しよう

　不動産登記事項証明書の取得方法は、①法務局で申請してその場で取得する方法のほか、②法務局に郵送にて申請し、登記簿を返送してもらう方法、③オンラインで申請して郵送もしくは法務局に直接受け取りに行く方法などがあります。なかでも③の方法は、①や②よりも手数料が安いため、利用している人も多いと思います。今すぐ登記情報が知りたい場合には、一般財団法人民事法務協会が提供している登記情報提供サービスを利用することも有用です。ただし、登記情報提供サービスで得られる登記情報は、認証文や登記官印がないため、書証として用いることはできますが、訴状の附属書類等の正式な証明書類として使用することはできません。あくまで直ちに登記情報を知りたい場合の、簡易的なものと考えてください。なお、同サービスは、オンライン上のサービスではありますが、利用時間が平日の午前8時30分から午後9時までとなっているため、夜間は利用できない点も注意が必要です。

## 土地には地番を、建物には家屋番号を

　土地の登記事項証明書を取得するには、地番が必要になります。

　基本的なことですが、地番とは、一筆の土地に付される番号であり、郵便物を送る際に利用される住所（住居表示）とは異なるのが通常です。

　しかし、一般にこの区別はあまり知られておらず、住所（住居表示）しか知らない依頼者も多くいます。そこで、土地の登記事項証明書を取得するためには地番を調べる必要がありますが、その場合、以下の3つが一般的な方法です。

　1つ目は、管轄法務局に電話で地番照会をする方法です。管轄法務局

に電話で「地番照会をお願いします」と言い、住所（住居表示）を伝えれば、対応する地番を教えてくれます。

2つ目は、登記情報提供サービス内の地番検索サービスを利用する方法です。

3つ目は、「ブルーマップ」を使用する方法です。ブルーマップとは、住宅地図と公図の内容を重ね合わせたもので、地図上に住所（住居表示）と地番が表記されています。ブルーマップは、関東圏のものであれば、東京弁護士会・第二東京弁護士会合同図書館にありますし、法務局にもその管轄地のものが備え置かれています。遠方の地域のブルーマップが必要な場合には、国立国会図書館でも閲覧が可能です。

建物の登記を取得する場合には、家屋番号が必要です。これも、地番と同様、住所（住居表示）と異なることが通常です。他方、土地の地番と家屋番号は一致することが多いですが、必ずしも同じではないので注意が必要です。

家屋番号の調査方法もいくつかありますが、登記情報提供サービスを利用すれば、地番から土地上の建物の家屋番号を検索することができます。

また、法務局の窓口であれば、「この土地上にある建物の登記全てがほしい」などこちらの要望が多少幅の広いものであっても、比較的柔軟に対応してくれることもあります。


## 証拠を使いこなそう

これまでは不動産登記事項証明書の収集について簡単にまとめましたが、収集した不動産登記事項証明書をどのように読み込むかという点についても、少し触れたいと思います。

以前、私が取り扱った事件で、ある土地の地番とその土地の上にある建物の登記簿上の所在が異なっていたことがありました。

土地の所有者である依頼者からの相談は、「土地の上に建っている建

物を収去したいが、建物の所有者が行方不明なので、どうすればよいか困っている」との内容でした。そこで調査を行うと、当該土地の上に建物が建っているのですが、登記簿上、土地の地番と建物の所在がずれていました。これは、現に存在する建物と登記簿上の建物が同一であるか否か明らかでない状態になっていることを意味し、今後、訴訟や強制執行の段階で、その同一性を明らかにする必要が出てきました。

なぜ土地の地番と建物の登記簿上の所在が食い違ってしまったのか。何か解決の糸口がないかと建物の登記事項証明書を見ていると、不自然な点がみつかりました。それは、建物の保存登記をした日と、旧所有者から新所有者に建物を売却した旨の移転登記申請をした日、旧所有者の住所変更の登記をした日がいずれも同じ日だったのです。

通常、保存登記は、建物が建築された際に登記されるもので、保存登記と所有権の移転登記が同じ日にされることがないのが原則なので、本件建物の保存登記を申請した日は、実際に建物が完成した日とは異なることがわかります。

また、所有者が引越した場合、それを登記簿に反映させると登記簿には所有者の旧住所及び新住所、移転日、住所変更の登記の受付日が記載されますが、本件建物においては、旧所有者が本建物から別の場所に移転した日が保存登記の日よりも前であることがわかりました。

これらのことから、旧所有者は、本件建物を建て、未登記の状態で住んでいたものの、建物を売却する際に必要に迫られて、登記をしたことが読み取れます。そして、周囲の土地の分筆状況と照らし合わせると、建物の旧所有者が、土地の所有者が行った分筆の事実を知らず、分筆前の土地の地番を所在地として登記申請をした結果、土地の地番と建物の所在が食い違うに至ったものと結論付けました。そして、裁判でも現存する建物と登記簿上の建物が同一であると認定され、強制執行の手続きを経て、無事建物を収去することができました。

一見するとよくわからないことであっても、資料の読み方次第で、事実が見えてくることがあります。日頃からさまざまな資料に接し、その資料がどのような意味をもつか、どうやって取得できるか、どのような

195

場面で使用するかなどを知ることで、その資料の表面的な意味以上の情報を引き出せることがあると思います。

## ワンポイントアドバイス

◎ 不動産が関わる法的問題では登記手続きを意識することが重要です。契約書の文言の１つひとつにも細心の注意を払いましょう。思わぬ責任追及を受けてしまう可能性があります。

◎ 登記に関することであっても、司法書士の決めた方針が常に正しいとは限りません。弁護士の側でも、ある程度の吟味はするようにしましょう。依頼者のことを考え、細かな部分こそ面倒くさがらずに検討することが「できる」弁護士への第一歩につながります。

◎ 登記に関する資料はどのようなものがあるのか、どのようにして取得することができるか、その資料をどのように読むかのスキルは、弁護士の大切な武器となります。資料のもつ意味や利用場面、方法等まで知っておくと、資料から読み取れる情報がより多くなります。

## □ 不動産登記の事前準備

　不動産に関する案件を扱う場合、登記簿（登記事項証明書や登記情報）を見て、登記上の情報を調査し、交渉・調停・裁判等を経て、決済し、登記手続きを経て終了という流れが多いと思います。

　登記事項証明書の取得などは、普段は事務員にお願いしている作業だとは思いますが、弁護士自身が行うこともしばしばありますのでここで説明したいと思います。

■登記事項証明書の取得方法

　登記事項証明書は、法務局で取得できます。1件当たり600円です。

　しかし、急ぎでなければ、オンライン請求が便利です。事務所までの送料も含めて1件当たり500円ですので、便利かつお得です。単純に情報のみであれば、1件当たり335円の登記情報提供サービスを使うのが便利でしょう。

　いずれも登録が必要になります。

　なお、かつては、管轄地域の法務局でしか取得できませんでした。

　このため、遠隔地物件の決済前閲覧では、地元の司法書士に閲覧・謄写のみを依頼するということもありました。いまやパソコン片手に確認できますからね。

■調査時の注意

　依頼者が地番や家屋番号がわかる資料、具体的には登記識別情報や登記済証（権利証）を持っていればそこから容易に調べることができます。

　そのような地番等が記載されている資料がない場合には、住所

から土地の地番を調べることから始めます。

　地番はブルーマップなどで容易に調べることができる一方で家屋番号はブルーマップ等ではわからないからです。

　この際、必ず共同担保目録付きとすることが肝心です。

　担保権が設定されている場合、共同担保になっている他の物件の情報（地番や家屋番号）も入ってくるからです。また、物件の漏れも防ぐことができます。

　家屋番号は、地番と連動していることが多いですが、古い建物の場合、地番が変動する（換地などで生じることがある）ので、地番とは全く縁のない番号になっていることも珍しくありません。

　ブルーマップ上に建物があるのに登記がみつからないという場合には、思い切って法務局に電話して相談するのが1番です（親切に案内してくれます）。

■登記情報を得た後の対応

　所有者の住所の確認です。現在の住民票上の住所と一致しているか確認します。

　司法書士に依頼する場合にまず聞かれるのが住所の一致です。

　これは、不動産取引の決済時に大きな影響を与えるからです。具体的には、登記事項証明書上の住所と現在の住民票上の住所が異なる場合、必ず住所変更登記を経てからでないと所有権移転登記ができないからです。

　また、住民票や戸籍の附票の取得には遠隔地の場合、郵便での取得になりますので、時間がかかることが多いです。

　このため、決済時に直ちに対応ということができません。

　住所変更登記には、登記事項証明書上の住所と現在の住民票上

の住所がつながっていることを確認できる資料を添付することが必要です。

　添付資料としては戸籍の附票や住民票になります。

　しかし、古い受付日の所有権移転登記で所有者が住所変更を繰り返している場合、住民票や戸籍の附票だけでは住所のつながりを証明できない場合があります。

　住民票や戸籍の附票の記録の保存期間の問題があるからです。

　しかも、平成20年前後は、市区町村で戸籍関係のオンライン化が進み、これにあわせて戸籍や戸籍の附票が改製されているからです（オンライン化に伴って改製された戸籍等は改製原戸籍・戸籍の附票の場合は改製原戸籍の附票といいます）。

　住民票や戸籍の附票は改製してから5年間が保存期間です。それ以降は改製原附票は請求できないことが多いです。（役所に問い合わせると保存期間経過後も保存されていることもあるので役所に積極的に問い合わせましょう。）

　もし、住民票や戸籍の附票等で、住所のつながりを確認できない場合には、確認資料がないので、住所変更登記ができないということになるのでしょうか。

　この場合は、権利証を添付することが多いようです。もっとも補充の資料については各法務局の登記官の裁量になるので、法務局によっては、不在籍証明書と不在住証明書もあわせて添付するなどの対応を求めることもあるようです。

　登記申請は専門家である司法書士に任せることが多いと思いますが、スムーズに司法書士に引渡しできるように準備できれば円滑な決済に資するのではないでしょうか。

## □ 登記の見方、関係業種、依頼のタイミング

登記で困る場面は、どれくらいあるでしょうか。

非常に初歩的なことですが、まずは見方ですよね。

表題部と権利の部の違い、甲区、乙区の違い、下線が抹消記号であること……大学でも習うようなことですが、これまでの経験等によっては、弁護士になりたての方の中には、わからない方もいらっしゃいます。

あとは、関わる職業の違い。

登記といえば司法書士を思い浮かべる方が多いですが、それは、実は不正確。

表題部の登記を担当するのは、土地家屋調査士です。そのため、例えば公図等が重要になってくる境界確定訴訟では、司法書士に調査を依頼するのではなく、土地家屋調査士に調査を依頼するのがセオリーです。

そして、売買や相続等、各種登記申請が必要になれば、（いよいよ）司法書士へご依頼を。

権利の部の登記申請を司法書士に依頼することで困る弁護士は、おそらくいないでしょうが、注意すべきなのは、依頼のタイミング。

登記申請を行うには添付情報といって、物権変動の存在等を示す証拠が必要で、この準備には時間がかかることも多いです。司法書士による本人確認が必要となり、これに時間が必要となることもあります。

弁護士から司法書士に依頼するのが遅く、不動産売買の決済が遅れるような事態は起こさないよう、日頃から、さまざまな分野に関心をもち、円滑な事件対応を目指しましょう。

## Method 21 不動産強制執行

### ▸ 侮るなかれ、強制執行

――金銭請求訴訟をする際、判決後の強制執行の実行性判断のために、相手方の不動産所有の有無を調査した経験は多いのではないか。また強制執行一般にいえることだが、もはや国際的な取引が珍しくない現在では、日本国外に存在する財産への強制執行を考えることがある。しかし、海外事案では、訴訟はもちろん、強制執行の場面でも金銭的、手続き的にさまざまなハードルが存在する。

　不動産強制執行は、簡単にできるようで難しいこともあるので安易に考えることは禁物である。

### 体験談 1

## 意外と大変、不動産強制執行

弁護士 3 年目　男性

### 不動産強制執行の依頼

　ある日、マンション管理組合の理事長（以下「依頼者」といいます）

から、あるマンションの部屋を複数所有する区分所有者（以下「債務者」といいます）が管理費等を滞納しているため、債務者と依頼者との間で、管理費等の支払いについて執行認諾文言のある公正証書を作成したが、債務者が約定どおりの支払いを行わないため、その公正証書に基づき債務者の所有する不動産に対して強制執行をしたいとの依頼がありました。

また、その管理組合は、法人化しておらず、いわゆる権利能力なき社団でした。

不動産強制執行は、予納金が少なくとも60万円（平成29年9月現在）と高額であり、必ずしもこの予納金も全額を回収できるとは限らないことから、強制執行をしたいとの相談があっても、費用対効果の問題で、実際には強制執行に至らないことも多くありますが、今回は債務額が高額であったことから、差押えの対象を債務者の所有する区分所有登記されたマンションの部屋複数戸として強制執行を行うことにしました。


## 必要書類の収集と申立て

今回のケースは、管理費を滞納するぐらいですから、債務者の資力に余裕はなく、債務者の所有している不動産もいつ処分されてしまうかわからない状況でしたので、できるだけ早く差押えをしたい事件でした。

不動産強制執行の申立ては必要書類が多く、土地、建物の登記事項証明書、公課証明書、商業登記事項証明書、住民票、公図、建物図面、物件案内図等が必要になります。

特に公課証明書の取得には不動産強制競売申立書の写しを添付する必要があり、申立書を早期に起案しなくてはなりません。

さらに、この事件では差押えの対象としていたマンションが、複数筆の土地上に建設されていたため、さらに多くの書類を取得する必要がありました。

特に公課証明書は、マンションの部屋ごとに複数土地の敷地権につい

202

て取得を求められたため、競売を申し立てる部屋数×マンションが所在している土地の筆数の取得が必要となり、費用も一定程度かかってしまいました。

必要な書類であったため、依頼者も納得はしてくれましたが、債務の弁済を受けられず執行する立場であるのに、予納金だけでなく添付書類のためにも多くの費用がかかることが腑に落ちない様子でした。

何とか、必要な書類を整え、目黒にある東京地方裁判所民事21部の民事執行センターに書類を持参し、申立てをしました。

書記官からは、差押えの登記がなされるまでには、通常は、裁判官の決裁も含め、10日程度かかると伝えられました。

事情を説明し、迅速に差押え登記がなされるように、今週中に裁判官の決裁に回すようにお願いをしました。


## 思わぬ手続きストップとおそれていた事態

申立ての翌日、裁判所から連絡があり、今週中の決裁に回すため、登録免許税の支払いを急いでほしいとの連絡がありました。申立てが無事早期にできたため、危うく差押登記のための登録免許税の支払いを忘れそうになっていましたので、慌てて支払いを行いました。

その数日後、また裁判所から連絡があり、公正証書は理事長名義で作成されているが、申立ては管理組合名義でなされているため、強制執行が可能か裁判所で検討しており、手続きが遅れているとの連絡がありました（現在、公正証書は権利能力なき社団の名義で作成することはできないとされています）。

裁判所には、書籍を引用し、そのような事案であっても、強制執行手続きが可能であり、実際に強制執行がなされた事件があるとの上申書を作成し、提出しました。

さらにその数日後、裁判所から連絡があり、先日の件は問題ないとの結論に至ったが、今度は管理組合から理事長に対して強制執行を行うこ

との授権がなされているかが明確でないように思えるとの連絡がありました。

　申立て時に添付した授権を示す資料について、補足の説明をしたことで裁判所の理解を得ることができ、差押登記の手続きに入るとの連絡がありました。

　ところが、後日、また書記官から連絡があり、対象不動産であるマンションの部屋の1つが申立てから現在に至るまでの間に処分され移転登記がなされてしまったため、その部屋について申立てを取り下げてほしいとの連絡がありました。

　裁判所とのやり取りをしている間に、1番おそれていた事態になってしまったのです。


## 最終的には……

　最終的には、他の物件への差押登記はできたことで、債務者から、債務全額及び強制競売申立手続きに要した費用の全てを支払うとの申出があり、ことなきを得ました。

　当初から依頼者は、債務者が対象不動産を処分してしまうことを危惧していたので、そのとおりになってしまったという説明をすることは大変心苦しかったです。

　手続きの際に疑義を生じさせ得る点は事前に把握できていたので、今回のように迅速な手続きを要求される場合には、申立ての際、裁判所に、より丁寧に説明等を行うことを心がけるべきであったと大変反省しました。

　不動産に対する強制執行は迅速性が要求される一方で、必要書類も多く、手続き中にも問題が生じ得る可能性もあることを念頭におき、決して簡単な手続きだと侮らないように申立てに挑む必要があります。

## 体験談 2

# その執行、本当にできますか？

弁護士 3 年目　男性

## 自信満々で執行できるはずが！？

　これは、ある地方の熟練弁護士の話です。

　その方は、高額の損害賠償請求事件を受任し、勝訴判決を得ることができたため、鼻高々でした。

　しかし、相手方からの支払いはなく、相手方にはめぼしい財産も日本には見当たりません。

　すると、依頼者からその弁護士に「どうやらこの相手方は中国に土地使用権を有しているみたいなので、そこに執行してもらえませんか？」との問い合わせがありました。

　その弁護士はそれに対して、「もちろんやります！」と頼もしく答えたようなのですが、いざ手続きをしようと調べていくうちに、金銭債権については、日本で取得した判決をもって中国で執行することはできないことが判明し、この弁護士の面目は丸つぶれとなってしまったのです。

　たとえ国内であっても、金銭債権について訴訟を提起して、勝訴判決を得たとしても執行の対象となる財産がなければ全く回収できない可能性があります。そのため、受任する際には相手方が金銭や他のめぼしい財産を有しているか否かを確認したうえで、依頼者に対しては、最終的にはお金が全くない人から回収することは困難であることをあらかじめ十分に説明しておかなければなりません。

　同様に、勝訴判決を得たとしても、執行する対象が海外にあった場合は当該勝訴判決をもって執行できるとは限りません。

　日本の判決をもって海外で執行する場合は、当該国の法律において、

日本の判決による強制執行の申立てが認められているかどうかを調査する必要があります。外国の判決に基づき日本で強制執行を申し立てようとする場合に、日本とその外国との間に「相互の保証」があることが要求されるように（民事執行法 24 条 3 項、民事訴訟法 118 条 4 号）、当該国において、外国判決に基づく強制執行が認められる場合につき、どのような規律がなされているかが問題となります。

　例えば、外国の裁判所が下した判決について、自国が締結もしくは加盟した国際条約に従い、または互恵の原則により審査を行った後、自国の法の基本原則または国家主権・安全・社会公共の利益に反しないと認めるときは、その効力を承認する裁定をする、といった規律をしている（た）国もあり、そのような国で強制執行の申立てをしようとすれば、日本で得た勝訴判決が当該国の国家主権や安全などに反しないか否かの審査を経ないといけません（大阪高判平成 15 年 4 月 9 日判タ 1141 号 270 頁〔28090358〕参照）。

　もし、日本の判決をもって相手方が財産を保有している外国でその財産に対する強制執行の申立てができない場合、どうしても強制執行をしたいのであれば、結局、当該国であらためて訴えを提起しなければならなくなってしまいます。

　しかも、弁護士報酬を日本のように着手金・報酬形式で計算する国は珍しく、タイムチャージ制度を利用している国の方が多いため、訴訟になるとあっという間に弁護士費用が 100 万円くらいかかってしまい、訴額によっては全くもとがとれず、結局訴訟をしたら損をしたという結果になってしまうこともあります。


## まだある海外案件の罠

　また、これは別の事案ですが、依頼者 A はアジアの某国に債務者が不動産を有していることから、某国で裁判をして同不動産に執行しようとして、日本の弁護士を通じてアジアの法律事務所経営者 B と連絡を

206

とることに成功しました。

Aのもとには、日本であれば十分に訴訟に勝つための資料がそろっていました。

しかし、Bから、Aは衝撃の事実を告げられます。

「たとえ証拠がそろっていたとしても、相手方が裁判官を買収したことで敗訴する可能性がある」

日本ではまず考えられませんが、裁判官に賄賂を送った方が勝訴するという国があるようです。

それでも、Aは諦めきれず、Bに仕事を依頼することにしました。報酬についても、仲介をした弁護士の口添えもあり、タイムチャージではなく、15,000ドルを支払えばさらなる追加の支払いは発生しないという約束もすることができました。そこで、Aは金策にかけずりまわり、やっと15,000ドルを集めることができました。

しかし、その途端円安がAさんを襲います。円安のせいで、Aが日本で集めたお金は、15,000ドルには足りなくなってしまい、Aは最終的に訴訟を断念せざるを得なくなってしまったのです。

日本では考えなくてもよいような意外なことが海外案件では問題になるということを実感した事件でした。

## ワンポイントアドバイス

◎ 不動産強制執行は申立てに必要な費用として相応の金額が必要になります。依頼者に申立てにかかる費用をきちんと説明して、事後のトラブルを防止しましょう。

◎ 強制執行手続きは事務員やパラリーガルに任せている事務所もあるようですが、迅速さが要求される手続きですので、その場合でも、必要なときに弁護士がいつでも指示・対応できるように、最低限の状況把握をしておいた方が安心です。

207

◎　日本であれば簡単な類の強制執行案件であっても、執行対象の財産が海外に所在しているとなると、一筋縄ではいきません。日本国外での強制執行案件は、事前の十分な調査が不可欠です。

# □ 第三者が目的外動産を回収できるか？

　建物明渡事件において、明渡しを求められた債務者が行方不明または音信不通等（以下「行方不明等」といいます）の場合には、建物内に存在する執行目的外動産を債務者に引き取ってもらうことは期待できません。行方不明等のケースでは、執行官により目的外動産の売却（競り売り、即時売却等）が実施されることが一般的です。

　ここで、明渡対象不動産内に債務者以外の第三者の執行目的外動産が存在している場合、当該第三者は動産を回収できるのでしょうか。

　この点、さまざまな文献において、「第三者が債務名義により引渡しを受ける権原を証明した場合でも……当該第三者に引き渡すことはできない」などと解説されています。つまり、執行目的外動産の所有者は、債務者が行方不明等のケースでは、自己の所有動産が売却に付されてしまうリスクを負うことになります。

　この場合、当該第三者は、売却に付される前に動産引渡仮処分（債権者使用）を申し立てたうえで当該動産を建物から撤去する手続きをとる、というのが最も直接的な対応かもしれません。しかし、動産引渡仮処分であっても動産の回収まで一定期間を要しますし、安価な動産であれば費用倒れも懸念されます。

　しかし、債務者が行方不明等のケースでは、明渡催告の立入り時において、他人所有の動産であることが明らかである場合には（例えば、リース品のコピー機等）、執行官の指示により、明渡しを求める債権者側において、当該動産の所有者に対し、引取りを打診する連絡が行われることがよくあります。

　他方、外見上第三者の所有であることが明らかではない動産で

ある場合、債権者側から第三者である所有者に対し、引取りの打診がくることはまずないと思われます。この場合、当該動産の所有者から債権者や執行補助者にコンタクトをとり、自身が所有者であることを説明のうえ、動産を回収させてもらえないかを相談することがよいと思います。私自身、疎明資料を提出のうえ、退去執行日において目的外動産を回収させてもらったことがあります。少なくとも、明渡債権者の情報は不動産登記を確認すれば容易に入手可能であるため、コンタクトをとること自体は全く難しくありません。

　明渡対象の建物内にある目的外不動産の回収を考える場合、1度明渡債権者または執行補助者への相談を試みてはいかがでしょうか。

## 執筆者一覧 (五十音順)

### 編集代表

菊地真治　　　　弁護士 (55期・東京弁護士会) ／菊地真治法律事務所

### 編集協力

神村大輔　　　　弁護士 (57期・東京弁護士会) ／鈴木法律事務所

田中博尊　　　　弁護士 (57期・東京弁護士会) ／自由が丘総合法律事務所

### 執筆

淺枝謙太　　　　弁護士 (61期・東京弁護士会) ／牛込橋法律事務所

上田貴之　　　　弁護士 (67期・東京弁護士会) ／上田&パートナーズ法律事務所

枝廣恭子　　　　弁護士 (62期・東京弁護士会) ／虎ノ門第一法律事務所

遠藤温子　　　　弁護士 (65期・東京弁護士会) ／あみた総合法律事務所

川端克俊　　　　弁護士 (59期・東京弁護士会) ／川端吉原法律事務所

木川雅博　　　　弁護士 (67期・東京弁護士会) ／東京駅前法律事務所

清藤仁啓　　　　弁護士 (67期・東京弁護士会) ／檜垣総合法律事務所

小林亞樹　　　　弁護士 (64期・東京弁護士会) ／水上総合法律事務所

杉浦友亮　　　　弁護士 (66期・東京弁護士会) ／森大輔法律事務所

関口慶太　　　　弁護士 (63期・東京弁護士会) ／今井関口法律事務所

戸田順也　　　　弁護士 (64期・徳島弁護士会 (元東京弁護士会)) ／戸田コンサルティング法律事務所

鳥羽浩司　　　　弁護士 (60期・東京弁護士会) ／紺野秋田法律事務所

永野　亮　　　　弁護士 (65期・東京弁護士会) ／BACeLL 法律事務所

西村　健　　　　弁護士 (62期・東京弁護士会) ／堀法律事務所

秀島晶博　　　　弁護士 (66期・東京弁護士会) ／日比谷見附法律事務所

都　行志　　　　弁護士 (67期・東京弁護士会) ／みやこ虎ノ門医療総合法律事務所

宮田直紀　　　　弁護士 (65期・東京弁護士会) ／あみた総合法律事務所

サービス・インフォメーション
―――――――――――――― 通話無料 ――――――

①商品に関するご照会・お申込みのご依頼
　　　　　TEL 0120 (203) 694／FAX 0120 (302) 640
②ご住所・ご名義等各種変更のご連絡
　　　　　TEL 0120 (203) 696／FAX 0120 (202) 974
③請求・お支払いに関するご照会・ご要望
　　　　　TEL 0120 (203) 695／FAX 0120 (202) 973

●フリーダイヤル（TEL）の受付時間は、土・日・祝日を除く
　9：00～17：30です。
●FAXは24時間受け付けておりますので、あわせてご利用ください。

## こんなところでつまずかない！
### 不動産事件21のメソッド

2017年12月15日　　初版発行
2023年 6 月25日　　第 4 刷発行

編　著　　東京弁護士会 親和全期会

発行者　　田　中　英　弥

発行所　　第一法規株式会社
　　　　　〒107-8560　東京都港区南青山2-11-17
　　　　　ホームページ　https://www.daiichihoki.co.jp/

デザイン　　中村圭介・堀内宏臣・清水翔太郎
　　　　　（ナカムラグラフ）

不動産事件21　ISBN 978-4-474-05998-6　C3032　(0)